记录时代的精神印记

中国近三百年哲学史

［插图珍藏版］

蒋维乔 著

新世界出版社
NEW WORLD PRESS

图书在版编目（CIP）数据

中国近三百年哲学史 / 蒋维乔著. -- 北京 : 新世界出版社，2015.8

ISBN 978-7-5104-5399-1

Ⅰ. ①中… Ⅱ. ①蒋… Ⅲ. ①哲学史－中国－清代②哲学史－中国－近代 Ⅳ. ① B249 ② B25

中国版本图书馆CIP数据核字（2015）第190529号

中国近三百年哲学史

作　　者：蒋维乔
责任编辑：余守斌　熊文霞
责任印制：李一鸣　黄厚清
出版发行：新世界出版社
社　　址：北京西城区百万庄大街 24 号（100037）
发 行 部：(010) 6899 5968　(010) 6899 8705（传真）
总 编 室：(010) 6899 5424　(010) 6832 6679（传真）
http://www.nwp.cn
http://www.newworld-press.com
版 权 部：+8610 6899 6306
版权部电子信箱：frank@nwp.com.cn
印　　刷：北京中印联印务有限公司
经　　销：新华书店
开　　本：880mm × 1230mm　1/32
字　　数：128 千字　印张：7
版　　次：2015 年 10 月第 1 版　2015 年 10 月第 1 次印刷
书　　号：ISBN 978-7-5104-5399-1
定　　价：32.00 元

目 录

序 论

自清康熙初年（纪元一六六二）以迄于今三百年中间，学术思想之剧变，不亚于周秦诸子之时。明代中叶，阳明学派，风靡一世，及其末流，则徒骋游说，毫无实际；遂启反动之机。明清之交，遗民顾炎武、黄宗羲等，提倡经世致用之实学，开有清一代之学风；顾氏尤为考证学之鼻祖。清代之考证学，推倒宋明之性理学而代兴，可以表现时代之特征。然于哲学上，则供献殊鲜。至于现代西洋思想，渐渐输入，而哲学思想，将来必放一异彩，可断言也。

综观近三百年之学术思想，可分两大时期：一为复演古来学术；二为吸收外来思想。当宋明理学衰颓之时，有考证学派出，排斥宋学之空疏，自唐溯汉，提倡许郑之朴学。无论治经治史，以及诸子，皆重训诂，凭实证，用科学的精神，整理古籍，是即考证学之特长。清代自康雍以至乾隆时，考证学发展至极点，特尊之曰汉学，以示别于宋学。实则复演前代之学术，自宋以倒溯至东汉也。至乾嘉以后，考证之途已穷，学者无可致力。且域外交通大开，中外思想接触，觉我国所以贫弱，外国所以富强，必有重大之原因在。才智之士，对于政体与社会根本组织，均起怀疑；而以清廷禁网尚严，不敢公然反对，乃为文艺复兴之运动；即道咸以后所产生之公羊学派是也。此派庄存与、刘申受倡之于前，龚自珍、魏源继之于后，而大振于康有为。实则推倒考证家东汉之古文学，而复演西汉之今文学也。至于今日，则学者对于周秦诸子之研究，极盛一时；凡关于诸子之整理解释，以及阐发其哲学思想之著作，日出不穷。此则由西汉而复演及于周秦也。且自殷墟龟甲文出土后，经罗振玉、王国维注释以来，考证学又一转而为考古学；发见古代社会，在殷朝尚是石器青铜器时代；而文字尚在创造之中。于是对于经典所称唐虞三代之文明，顿起怀疑。此考古学今日尚未大盛，发掘工作尚未完成，将来于学术上必有一番大改革，可无疑义。此则自周秦以复演至于殷代也。此复演古来之学术，层层倒溯而上，颇为奇观；经一次复演，必有一次之创获，使后之学者，得所依据，其功不可没也。此外有颜元之实用派，直标周孔以自别于程朱；彭绍升、罗有高从王学入手，而归宿于佛门；皆有特异之色彩者也。至于吸收外来思想，其发端远在明末，徐光启与西洋教士，翻译天算水利诸书，是为外学输入之第一期。清康熙帝时，用西洋人利玛窦、汤若望等，改正历算，编《历象考成》、《仪象考成》等书，是为外学输入之第二期。同治年间，曾国藩办江南制造局，翻译制造、测量、格致、兵书，是为外学输入之第三期。此一二三期中，所注意者，类皆偏重物质科学，于思想上并无影响。迨至近世，严复译出《天演论》、《群学肄言》等书，始于国人思想上，发生大影响。同时，王国维介绍康德、叔本华、尼采之学说。至近十余年中，外国哲学家如杜威、罗素，亲到中国讲演，中外思想之接触，日近一日，必有结合之时期。证以我国历史之先例，如佛教在汉末输入中国，经过魏晋南北朝至唐代，而国人方能尽量吸收，自创天台、华严两宗；再至宋代，儒家方融合道佛为一炉，自成性理之学；凡千余年，而始将外来思想融合消化，以成为学派；则此后吸收西洋思想自成中国哲学，其为期固不在近也。

由上所说：则近三百年之哲学思想，固可分为两大时期，前期又可分为理学派，考证学派，公羊学派；后期则为介绍西洋思想派，今依次述之。

第一编 | 复演古来学术之时期

明末王学狂恣之流弊，学者虽厌恶之，然尚未有公然反对者，虽顾炎武为考证学之祖，亦不过提倡程朱以斥陆王而已。黄宗羲亦从王学入手，而创经世致用之学。至乾嘉间惠栋、戴震出世，考证学大成，方公然推倒宋学，揭橥汉学。可知在清初时理学派尚非全无势力也。理学派中，又可分为程朱学派、陆王学派、朱王折衷学派。

第一章 | 程朱学派

第一节　顾炎武

一　略传及著书

顾炎武，字宁人，号亭林，昆山花浦村人。生于明神宗万历四十一年（纪元一六一三），殁于清康熙二十一年（纪元一六八二），年七十岁。性耿介绝俗，状貌英秀，事继母王氏甚孝。明亡时，清师下江南，炎武纠合同志，举义兵，不成，昆山城破。母年六十，谓炎武曰：“我虽妇人，然义不可屈”；不食而卒。临终，以世食明禄，勿仕二姓，诫炎武。炎武奉遗教，终生不渝。周游天下，所至考其山川风俗，古今治乱之迹，自金石碑碣，以及地理经济之学，无所不通。出游时，后车满载书籍，作实地之

顾炎武像

参考。见闻既广，卓然自成一家，当代咸目为通儒。康熙十六年，始卜居陕之华阴。诸生有请讲学者，谢之曰："近日李二曲，亦以聚徒讲学得名，遂招逼迫，几至凶死；虽威武不屈，然名之累则已甚；况东林之覆辙，由此而进者耶。"康熙十七年，诏征博学鸿儒，诸公卿争欲罗致之。炎武乃豫使门人之在京者，辞之曰："刀绳具在，勿速我死。"炎武既负用世之才，未得一试；于是在雁门之北，五台山东，及长白山下，垦田牧畜，以实行其经济政策；垦熟之田，恒交其弟子管理之，故其财用常饶足云。

著书有《日知录》三十二卷；《补遗》四卷；《天下郡国利病书》百二十卷；《肇域记》一百卷；《音学五书》三十八卷；《五经异同》三卷；《左传杜解补正》三卷；《九经误字》一卷；《石经考》一卷；《金石文字记》六卷；《经世编》十二卷；《下学指南》六卷；《文集》六卷；《诗集》五卷；《历代帝王宅京记》十卷；《昌平山水记》二卷。此外小品著述尚多，大都收入《亭林遗书》。

二　学说

炎武博学多闻，考证精详，长于经济。抱用世之志，最忌空谈。有鉴于晚明王学，类于狂禅，故专奉着实周到之朱学，排斥陆王。尝曰："古今安得别有所谓理学，经学，即理学也。自有舍经学以言理学者，而邪说以兴。"（全祖望《亭林先生神道碑》）此经学即理学之言，正是推翻宋明理学，而直进于六经根柢之标语。唐鉴有云："亭林之学，主明体达用，经世济人。以卓荦不群之才，抱俯仰无穷之志，足迹半天下，所交皆贤豪有道之士，而卒著书以老，使人追慕于简策之间而不能置。夫先生之为通儒，人人能言之；而不知先生之所以通，不在外而在内，不在制度典礼而在学问思辨也。是以平心察理，事事求实，凡所论述，权度惟精，往往折衷于朱子。"（《国朝学案小识》）观此，可知炎武之学养，虽不如宋明诸儒，专力于理气心性，然实阐明道之体用，究极于经世之术。其所著《日知录》，最足表显其学风；其求学之精神，为后来考证学之基础；故炎武可谓之程朱派之考证学者。

理气心性之学，自宋迄明，可谓登峰造极。阐发已无余蕴；清代儒者，苦无研究之余地。于是一转其方向，注意及考证学。故哲学思想，可以论述者，虽大家如炎武，亦不免有寂寥之感。然其实践方面，则各有一说。今举其为学之要旨如下：

曰博学于文，行己有耻；自一身以至天下国家，皆学之事；自子臣弟友以至出入、往来、辞受、取与之间，皆有耻之事。不耻恶衣恶食，而耻匹夫匹妇不被其泽。故曰：万物皆备于我，反身而诚。(《下学指南》)

此语虽甚简易，然为学经世之纲领，不出乎此。炎武不幸处明清革命之际，不得实施其抱负。然观其言行，真王佐之才也。其与友人论学一书，颇足见其主义之所在。今撮其要点如下：

《大学》言心不言性，《中庸》言性不言心。来教单提心字，而未竟其说，未敢漫然许可，以堕于谢上蔡、张横渠、陆象山三家之学。窃以为圣人之道，下学上达之方；其行在孝弟忠信；其职在洒扫应对进退；其文在《诗》、《书》、三《礼》、《周易》、《春秋》；其用之于身，在出处、辞受、取与；其施之于天下，在政令、教化、刑法；其所著之书，皆以拨乱反正移风易俗，以驯至乎治平之用；而无益者，一切不谈。(《与友人书》)

观此：则炎武之践履笃实，根本上极似程朱；而其专求实际，不落空谈，则又在程朱以外，自成一种朴学。无怪后来之考证学，推炎武为初祖也。

第二节 陆世仪

一 略传及著书

陆世仪，字道威，号桴亭，江苏太仓人。生于明万历三十九年（纪元一六一一）。长于陆陇其十九岁，与顾炎武、黄宗羲等相先后。当刘宗周在“蕺山书院”讲学时，世仪欲往听讲，未果，一生常引为遗恨。是时流贼横行天下，彼见生民之涂炭，上书朝廷，谓宜破成格“举用文武干略之士”，不报。退而凿地十亩，筑亭其中，高卧闭门谢客，因号称桴亭。明亡后，曾在东林讲学；已而复讲学于毗陵。及归太仓，亦讲学不辍。清朝屡欲起用之，固辞不出。专修“程朱学”，终身从事著述，与陆陇其及张杨

陆世仪像

园等齐名，海内仰为真儒。康熙十一年，六十二岁卒（纪元一六七二）。

著有《思辨录》二十二卷，《后集》十三卷，此书前后经十二年之研究而成，故其思想尽在于中。此外有《论学酬答》四卷，《儒宗理要》六十卷，《性善图说》一卷，据其《传》，则未刊者尚有数种。《四库全书提要》评之曰，“世仪之学，以敦守礼法为主，不虚谈诚敬之旨；以施行实政为主，不空为心性之功；于近世讲学诸家，最为笃实，其言皆深切著明”，盖确评也。

二　学说

陆氏为学之特色，是能体得程朱着实之旨，不作虚空之谈。尝谓：“天下无讲学之人，此世道之衰也；天下皆讲学之人，亦世道之衰也”；又曰：“今之所当学者，正不止六艺；天文、地理、河渠、兵法之类，皆切世用，不可不讲。俗儒不知内圣外王之学，徒高谈性命，无补于世；迂拙之诮，所以来也。”（《思辨录》卷一）彼讥贬俗儒空迂之外，又举为学五弊曰：“谈经书而流于传注者；尚经济而趋于权谲者；务古学而为奇博无实者；看史学而入于泛滥者；攻文辞而溺于词藻者；是皆不知大道之故也。不知大道，则胸无主宰，心绪常差错，而不得步于正道。”(《思辨录》之一）至于何者为大道？则是周公孔子之道，亦即天地自然之道，学者即学此道也。一部《中庸》，只说一个道字；一部《大学》，只说一个学字；原于天者谓之“道”，修于人者谓之“学”，贯天人而一之者，谓之“道学”。是故“道生天地，天地生人；无此道，则天地且不成天地，人又何能念及之！故宏道之君子，不可不竭力从事于道与学。此道在天地之间，本不可见，学道之人，则能见之。‘鸢飞戾天，鱼跃于渊’，谓其能深察上下，遍满空中，无不是道”（同上）。意谓人物之生，本自天人合一而来，能参赞天地之化育，全受全归者，则为圣人。穷其道欲近于圣人者，则为学道之人。其解学道如是；桴亭之道，是儒家之正脉也。至谓圣人是禀天地之正气以生，此是继承程朱之性说。

要之陆氏以为道外无学，道学外无圣人，而圣人即为天地合一者，道之具象化者。故立志读圣贤之书，即为学者；立志行圣贤之事，即为学问。彼以《大学》、《中庸》为学者入门之书，道学之所寄托者。学之基础，当植于是。而其中居敬，格致，诚，正，修，齐，治，平，即为为学之过程，为国家造就有用之人才，即出于此。其注重实学之一点，所以在清代程朱学派中，为出人头地之学者也。且其言曰：

> 近世之讲学，多似晋人之清谈，清谈甚有害于事。孔门无不就一语之实处教人。孔子曰："君子欲讷于言，而敏于行"；又曰："敏于事而慎于言"；又曰："君子先行其言，而后从之"；又曰："君子耻其言而过其行"；俱是恐人之言过其实也。正（正德，武宗年号）嘉（嘉靖，世宗年号）之间，道学盛行；至隆（隆庆，穆宗年号）万（万历，神宗年号）而益盛，一日而天下靡然从风，惟以口舌相尚，意思索然尽矣。

陆氏于道学之根本论，则始终主张"居敬穷理"四字。以为是学圣人之第一工夫，“彻上彻下，彻首彻尾，只此四字”。又谓“居敬是主宰处，穷理是进步处，程子亦曰：涵养须用敬，进学则在于致知”(《思辨录》卷二)。此点与程朱殆无出入。

陆氏为学，虽无创说，然以“道生天地，天地生人，人配天地，故能尽道”四句，为周子“《太极图说》”之旨义；其《理气妙合论》，则又打破罗整庵之“道一元说”，究明理气之属性；皆堪注目。盖彼先从太极入手，以太极二字，原本《系辞》，不过祖述孔子之旧；至于主静以立人极之见解，则为周子所独创；《太极图说》全篇之主意，当在此一点。故读此书，但论太极，不察人极，则周子之意旨，当全失却。故云：“不知太极，则无天地；不知人极，则无人；此之谓不诚无物。”(《思辨录》卷四)其合太极人极为一，而谓二者不可相离，与《中庸》“道也者不可须臾离也，可离非道也”之言，同其旨。离了天道则无人道，离了人道则无天道。盖用浑然一体之理，以观察《太极图说》，而为此说者也。在此点盖受刘念台之“人极图说”及“动静说”有几分之影响。而以主静二字，立人极之本；以中正仁义，为主静之实落处；凡此总称为圣人之尽性工夫。

> 中正仁义而主静者，周子立言，甚周匝也。然主静下，又自注曰无欲故静；无欲，无人欲也；无人欲，则纯乎天理矣。是周子以天理为静，以人欲为动；主静者，主乎天理也；主乎天理，则静固静，动亦静矣，岂有偏静之弊哉！（同上）

此中正仁义，即是圣人之道；中正仁义之外，别无所谓主静。离中正仁义而言主静，则非主静。与五行之外，别无阴阳；五行即阴阳，阴阳即太极之理相同。

彼于理气说中，又认理气二者，为不可分。此说先儒皆未论及；只有朱子说过“必先有是理，而后有是气；既有是气，则是理也”。又论万物之一原，则谓“理同而气异”；论万物之异体，则谓“气犹相似理绝不同”；此四语实具卓识。凡论理气之学者，皆当引为标的。故云：“学者宜取此四言参伍错综，寻求玩味，胸中贯串通彻，务使无一毫疑惑而后可。如是则于天地万物性命之理，当自能了然而无间。”又对于罗整庵“周子无极之真，二五之精，妙合而凝”三语，以为“凡物必两而后可合，太极阴阳，果为二物，则方其未合之先，各安在耶”之疑问，论述之如次：

> 整庵言理气，亦固陋也；夫气即是理；以为气中则有理而非气，是即理也；既非气则是理，则安得不为二物？（《思辨录》卷二）

又曰：

> 整庵以为气集便是集之理之谓；气散便是散之理之谓；惟其有集有散，是乃所谓理也。是则就集散上观理，而不知所以为集散之理也。宜其于程朱之言，多有所未合。（《后集》卷二）

彼认整庵之理气，堕于形器之中，而未能体得浑然融合（理气之一元）体现天地之妙用之理。盖周子哲学，决非二元论；整庵不达此旨，宜乎怀疑不决也。

其次是彼之性说，以为性即是气质；本然之性，不可称为性。后来儒者，率以孟子之性善说为本，以为本然之性，浑然至善，纯粹未发，此言决不得当。所谓性者，不是此种本然之性；孟子之性善，亦不是此种意思；孟子是就天命上说，是说命善，不是说性善。天命之初，吾人尚未落于气质，故此说可以成立。厥后朱子欲发见至善之根据，亦言性善；但朱子于“继之者善也，成之者性也”之分别，初不甚了了。又伊川、朱子论性时，皆曾分性为本然、气质二者，而以为前者即孟子之性善，后儒亦附和此说。然孟子之言性善，乃《中庸》“天命之谓性”之类。只就天命上说，未落于气质。然孟子又有“人无有不善”之言，是就人生以后看，即下愚浊恶，无有不性善者。盖孟子论善，只就四端发见处言，因其称端，即知有仁义礼智；人人有四端，即人人有性善也。此是说人人有为善之资质。有为善之可能性耳；决不必说到人性浑然至善，未尝有恶，然后谓之性善，以释氏所谓真性者当之。要之性字，必落于后天之气质，而始有性可称。

如周子之说为最妥。其言云：

惟人也得其秀而最灵，形既生矣，神发知矣；曰：形生质也；神发气也；形生神发，而五性具足。是有气质而后有性也。不落气质，不可谓之性；一言性便有气质。(《思辨录辑要后集》卷四)

此论颇有根据，就《易》一阴一阳章而区别之，则自来所传孟子之性善说乃就天命之初“继之者善”之处立论，未尝说到“成之者性”。而陆氏则谓在“成之者性”以前，不得著性字；既说“成之者性”，便属气质矣。

彼又赞周子曰：

诸儒中论性，莫如周子最明白，最纯备，《通书》首章曰：诚者，圣人之本，大哉乾元，万物资始，诚之源也。乾道变化，各正性命，诚斯立焉；纯粹至善者也。故曰：一阴一阳之谓道，继之者善也，成之者性也；元亨诚之通，利贞诚之复，大哉《易》也，性命之源乎！只就元亨利贞上，看出继善成性处，不过

一诚字，则实理也，能全此实理者惟圣人；故曰诚者圣人之本。（同上）

陆氏以为惟气质方可称为性；若善恶之分歧点，则在于诚德之成就如何而见之。故又说惟周子“性者刚柔善恶中而已矣”一句中之“而已矣”三字，最为竭尽无余之辞。从来论性之人，无有比此语更简而得要者。而后来儒者罕称之，盖皆以此言为专论气质，而不知气质之外，初无所谓性也。程张朱诸子之论性，千言万语，其实不能及此。陆氏如此断定，用气质一元论，充足周子之说；又用作自己之性说。彼固理气一元论者，于性说以一元始终之，可谓彻底之学说。

第三节　陆陇其

一　略传及著书

陆陇其，字稼书，浙江平湖人，生于明崇祯三年（纪元一六三〇）。唐名相陆贽之后也。康熙九年，进士及第，年四十一，授江苏嘉定县令，专以德化人，治行称天下第一。后为直隶灵寿县令，与诸生讲论，著《松阳讲义》十二卷。为说百八十章，随时举示，非逐节讲解。时黄宗羲之学，盛行于西方；陇其不以为然，再三致意此编，以启导后学。在任八年，民风士习，皆大改善。后征入京，补四川道监察御史；在职一年，知无不言；以争纳捐事，触政府忌，引疾归。未几，致仕，屏居于华亭之泖

陆陇其像

口，大振风教，益以明道觉世为己任。偶犯病，遂不起，年六十三（康熙三十一年）（纪元一六九二）。圣祖深悼惜之，曰："本朝如此之人，更不多得。"陆氏资性笃厚，有古人风，言清行超，人格高尚，故到处能改进风教。乾隆二年，赐谥清献。时人称为"当湖先生"。"三鱼堂"，即其书斋名。著有《三鱼堂集》十二卷，《外集》六卷，《賸言》十二卷，以上收于全集中。此外《松阳讲义》十二卷，《四书讲义困勉录正续》三十七卷，《问学录》四卷，《读朱随笔》四卷，《读礼志疑》六卷，均为重要之作。

二　学说

清初之诸名家，卒皆指摘"王学"末流之弊，以图刷新。然于程朱陆王，则又取兼摄主义。至稼书方粹然宗朱子弃余家，以明圣学根原振兴教化为事。其《学术辨》三篇，是为破阳明明程朱之道而作。谓世之儒者无操守，信源流不清之"王学"，以为与圣教大同小异。此种现象，若放任之，将真伪杂糅；圣教且不能维持。抑学问中本有"立教之弊"及"末学之弊"二种：源清流浊，末学之弊也；源浊流又浊者，立教之弊也。学程朱而滞于偏执，是末学之弊；若夫阳明之教，则其源已浊，徒咎末辈，复有何益？于是一转而辟王学之内容；盖阳明以禅之实而托于儒，其流害固不可胜言矣。吾人止一究其与禅相表里之处，则其心性之辨，一切自明。夫人之生也，气集成形；气之精英，集而成心；所以心是神明不测，变化无方；而具于是气之中之理，即性也。故程子曰："性者即理也"；邵子曰："心者，性之郛郭也"；朱子曰："灵所是心不是性"；是皆说心也者，性之所寓而非性也。性也者，寓于心而非即心也。但禅家则不然，以知觉为性，而以知觉之发动者为心。故彼所谓性，即吾儒之心；彼所谓心，即吾儒之意志。是故灭彝伦离仁义，诡怪张皇，自放于准绳之外，而不知此即是性，而误解之为心。以为知觉所生一切人伦庶物之理，皆因"我"为障累而然。至欲取此一切，尽举而弃之。而阳明毫不加察，采其学说，谓性无善无恶，盖指知觉为性而言；而言良知，言天理，言至善，莫非指性而言。阳明之言曰："释氏本来面目，即吾人所谓良知"；又云："良知又即是天理"；又云："无善无恶，乃所谓至善”；其为说纵横变幻，不可究诘，而其大旨亦可睹矣。充其说则人伦庶物，于我何有，特以束缚于圣人之教，不敢肆然决裂也。彼又为之说云：“良知苟存，自能酬酢万变，非若禅家之遗弃事物也。其为说则然。然学者苟无格物穷理之功，而欲持此心之知觉以自试于万变，其所见为是者果是，而所见为非者果非乎？又况其心，本以为人伦庶物，初无与于我，不得已而应之；以不得已而应之心，而处夫未尝穷究之事，其不至于颠倒错谬者几希。其倡之者，虽不敢自居于禅，阴合而阳离；其继起者，则直以禅自任，不复有所忌惮；此阳明之学，所以为祸于天下也。”（全集卷二《学术辨中》）

陆氏既推倒阳明，于是尽力研究程朱学而拥护之，且宣传程朱。以为此二人，是维持风教之伟人，确为圣门正学。朱子之穷理主敬，即孔子之多学而下问，故学问之要，必穷理与主敬，二面兼施；穷理而能居敬，方不流于玩物丧志；居敬而能穷理，方不堕于猖狂恣睢。是则程朱之问学工夫，要为最妥当者也。

陆氏于学理方面，更有太极理气二论，虽本于周朱二子之《太极图说》；但其精密处，更有可观。

> 夫太极者，万物之总名也。在天则为命，在人则为性；在天则为元亨利贞，在人则为仁义礼智；以其有条而不紊，则谓之理；以其为人所共由，则谓之道；以其不偏不倚，无过不及，则谓之中；以其真实无妄，则谓之诚；以其纯粹而精，则谓之至善；以其至极而无以加，则谓之太极；名异而实同也。学者诚有志乎太极，惟于日用之间，时时存养，时时省察，不使一念之越乎理，不使一事之悖乎理，不使一言一动之逾乎理，斯太极存焉矣。（全集卷一）

“太极说”自周子，至于朱子，已臻精密；陆氏更取此理由具体的说明之，其中虽乏创见，然在太极思想之发展上，可供参考。至其理气说：则谓“明万殊之理气不难，而明一本之理气则难；一本之在人心易见，一本之在天地难知”。又以朱子之“理不离气，气不离理”，为“其分合不可疑也”；且谓“须先说有此理，则其先后无可疑；惟有此理，则理必有所会归，有此气，则气必有所统摄，天下未有无本而能变化无方者，未有无本而能流行不竭者；而理气之本，果安在耶？今夫盈于吾身之内者，皆气也；而运于其气之内者，理也”。(全集卷一《理气论》)其意谓理气之根源是一本，而其本则在于心；“心者，气之精英所集，而万理之原也”。故谓造物之理气，为散漫无所主宰，即是妄言；主宰之所在，即一本之所在。若夫为主宰者，则无思虑，无营为，能使百物自生，四时自序。理与气要为不可分，一而二，二而一，不离又不杂。朱子所谓“无无气之理，无无理之气”之言，最为的当。此即陆氏所主张。

陆氏为人为学，皆真实而稳健。其所言皆得程朱之粹；且充足朱说，以辟异归正，为自己之天职，终身不渝。守护一贯之程朱学施用于实地，且收极大之效果。

第二章 | 陆王学派

第一节 黄宗羲

一 略传及著书

长于顾炎武者四年，且后死于顾炎武者十四年，树立清初一大学统之人，即是黄宗羲。其学派不如顾炎武之扩大，然其所著《明儒学案》，当为“中国学术史”最初之作，其史学造诣之深，当与王船山相伯仲。其《易学象数论》六卷，与胡渭之《易图明辨》，互有发明，辨河洛方位图之非，颇多创说。而其《律吕新义》二卷，特开乐律研究之端绪。天算学为梅文鼎天算学之先导。其明敏之头脑，不逊于顾子。

宗羲字太冲，梨州及南雷，皆其号，越之余姚人，生

黄宗羲像

于明神宗万历三十七年（纪元一六〇九）。父忠端公尊素，乃明室忠臣，为宦者魏忠贤所害，死于狱。梨州怀铁椎，欲报父仇，值逆阉已死，因手刺杀其父之狱卒，上书请诛逆臣，其气概凛烈如此。父遗命就学于刘蕺山，因奋起以扫越中之野狐学为能事。又体父“学者不可不通晓史事”之遗训，从有明《十三朝实录》起，上至《二十一史》，无所不研，更欲攻究九流百家之蕴奥，发家中藏书遍读之；不足，则出外游历，以补其缺，其博学勉励又如此。二弟宗炎、宗会亦有才学，彼教之使同成名。国亡时纠合志士御清兵，出入危难，九死一生。后奉母归里门，专心著述，教授子弟。康熙十七年，诏征为博学鸿儒，以年老固辞不出。圣祖乃命巡抚抄其所著关于史事者，送至京师，而召其养子百家，高弟万斯同使参订之。八十三岁，尚读书不废，常至午夜。康熙三十四年，以八十六岁之高龄殁。所著如上记诸书外，尚有《明儒学案》六十卷，全氏补足《宋元学案》百卷，《南雷集》二十卷，《文定》、《文约》合四十卷，《明文海》四百八十二卷，《明史案》二百四十四卷，及其他数十种。

二 学说

宗羲是刘念台之高弟，念台以慎独二字为学的，梨洲亦修慎独之阳明学者。但其该博之知识，固不以“阳明学”自封。所著《明儒学案》一书，虽有人谓彼为护“阳明学”而作；但其史笔，决不偏于一方，长其所长，短其所短，客观态度，溢于全书。惟不慊于晚明“阳明学者”之流于口头禅，尤于越中周海门以后，学弊之深，多所不满，欲一洗此风，而复于阳明当年。故曰：“明人讲学，语录之糟粕耳；不以六经为根柢，束书不读，而从事于游谈。学者当先穷经，然拘执经术，不足以经世，欲免为迂儒，必兼读史。”又曰：“读书不多，则无以证理之变化，读书多而不求诸心，则又为俗学。”（《清史·黄宗羲传》）观其言，明明是不埋头于心即理说，而表示其兼取朱王之态度。故受其教者，不蹈讲学之流弊，亦不为障雾之妄言。万氏兄弟大史家，全氏祖望，质实之学者，皆出其门。其刚毅之风，足以破当时雷同附和于“心万殊说”之小儒。故曰：

盈天地，皆心也；变化不测，不能不万殊；心无本体，工夫所至，即其本体。故穷理者，穷此心之万殊，非穷万物之万殊也。是以古之君子，宁凿五丁之间道，而不假邯郸之野马，故其途亦不得不殊。奈何今之君子，必欲出于一途，使美厥灵根者，化为焦芽绝港。夫先儒之语录，人人不同，只是印我之心体，变动不居；若执定成局，终是受用不得。此无他，修德而后可讲学；今讲学而不修德，又何怪其举一而废百乎！（《明儒学案序》）

此痛切之言，学者当正襟领受者。盖举万物之万殊，归于一心，以心理之阐明及修德之工夫为先，而以讲学为后。此言虽为陆王之言，然以心为万殊，而欲实现自己之心之处乃属于伦理上之自我实现说，不外发挥自己之人格及自己之个性也。

三　政治哲学

清初学者，人人不慊于明学之空疏，而以提倡经世致用为主旨。宗羲尤因精研史学，熟于古今治乱兴亡之事迹，议论尤有根柢。不落于抽象之说，而独标具体的实际的论旨，使人读之，感一种痛快之趣味。所著《明夷待访录》，正如今世所谓“政治哲学”，以民利民福为主眼，以民本主义为政治之本质。其意君主本为人民而设，即上世之酋长；此酋长，而有蔑视民意，自图私利之行为，则非君主而为独夫；如此其君主之资格自当剥失，汤之放桀，武王之伐纣，其目的在为民，自是事理上当然之行动。盖以亿兆人之心为心，方可称为圣人，称为君主。是故伊古以来，因为君主之责任重大，而不欲自劳其身心者，有许由、务光；虽为君主，而让位于人者，有尧舜；初不欲为，而卒不得已而为之者，有大禹；可见三代以上之帝皇，皆不得已而为之。三代以后，则以天下为一姓之私产，视万民为己之臣妾，视土地为己之产业，立法之精神，全变为私法，绝无公法之内容。盖三代之时法尚存在，三代以后则法意全非矣。黄氏盖以孟子之王道，为政治本体；从社会学上之见地，应用史实，而与孟子王道以学理上之根据，树立其民本政治之哲学。彼以此理论为基础，而涉及一切之政治问题，如云以人民为主，则政治难行，当选举一人，依赖以行。此其见解，虽与现代民本主义，尚有消极积极之差，然于大体是以人民本位为主眼，与民主政治相似。近代初革命时，为鼓吹民本共和之精神起见，一般志士，曾密印此书数十万部，颁布全国，且大收其效果。（梁启超《清代学术概论》）《明夷待访录·原君篇》曰：

有生之初，人各自私也，人各自利也，天下有公利而莫或兴之，有公害而莫或除之。有人者出，不以一己之利为利，而使天下受其利；不以一己之害为害，而使天下释其害；此其人之勤劳，必千万于天下之人；夫以千万倍之勤劳，而己又不享其利，必非天下之人情所欲居也。故古之人君，量而不欲入者，许由、务光是也；入而又去之者，尧舜是也；初不欲入而不得去者，禹是也；岂古之人有所异哉！好逸恶劳，亦犹夫人之情也。后之为人君者不然，以为天下利害之权，皆出于我，我以天下之利，尽归于己，以天下之害，尽归于人，亦无不可。使天下之人，不敢自私，不敢自利，以我之大私，为天下之大公，始而惭焉，久则安焉，视天下为莫大之产业，传之子孙，享受无穷。汉高帝所谓某业所就，孰与仲多者，其逐利之情，不觉溢之于辞矣。此无他，古者以天下为主，君为客，凡君之所毕世而经营者，为天下也。今也不然，以君为主，天下为客，凡天下之无地而得安宁者，为君也。是以其未得之也，屠毒天下之肝脑，离散天下之子女，以博我一人之产业，曾不惨然！曰：我固为子孙创业也。其既得之也，敲剥天下之骨髓，离散天下之子女，以奉我一人之淫乐，视为当然，曰：此我产业之花息也。然则为天下之大害者，君而已矣。向使无君，人各得自私也，人各得自利也。呜呼！岂设君之道，固如是乎！古者天下之人，爱戴其君，比之如父，拟之如天：诚不为过也。今也天下之人，怨恶其君，视之如寇雠，名之为独夫，固其所也。而小儒规规焉以君臣之义，无所逃于天地之间，至桀纣之暴，犹谓汤武不当诛之；而妄传伯夷、叔齐无稽之事。使兆人万姓崩溃之血肉，曾不异夫腐鼠，岂天地之大，于兆人万姓之中，独私其一人一姓乎？是故武王圣人也，孟子之言，圣人之言也。后世之君，欲以如父如天之空名，禁人之窥伺者，皆不便于其言；至废孟子而不立，非导源于小儒乎？虽然，使后之为君者，果能保此产业，传之无穷，亦无怪乎其私之也；既以产业视之，人之欲得产业，谁不如我，密缄縢，固扃鐍，一人之智力，不能胜天下欲得之者之众，远者数世，近者及身，其血肉之崩溃，在其子孙矣！昔人愿世世无生帝王家，而毅宗之语公主亦曰：若何生我家？痛哉斯言！回思创业时，其欲得天下之心，有不废然摧沮者乎？是故明乎为君之职分，则唐虞之世，人人能让，许由、务光非绝尘也。不明乎为君之职分，则市井之间，人人可欲，许由、务光所以旷后世而不闻也。然君之职分难明，以俄顷淫乐，不易无穷之悲，虽愚者亦明之矣！

以上取三代圣王为君之动机，与后世为君之动机，对照比论，痛斥后世之为私利。更进而断言其制定法律无何等之权威如下：

> 三代以上有法，三代以下无法。何以言之？二帝三王，知天下之不可无养也，为之授田以耕之；知天下之不可无衣也，为之授地以桑麻之；知天下之不可无教也，为之学校以兴之；为之婚姻之礼，以防其淫；为之卒乘之赋，以防其乱；此三代以上之法也。固未尝为一己而立也。后之人主，既得天下，惟恐其祚命之不长也，子孙之不能保有也。思患于未然，以为之法。然则其所谓法者，一家之法，而非天下之法也。……夫非法之法，前王不胜其利欲之私以创之，后王或不胜其利欲之私以坏之。坏之者，固足以害天下；其创之者，亦未始非害天下者也。乃必欲周旋于此胶彼漆之中，以博宪章之余名，此俗儒之剿说也。即论者谓天下之治乱，不系于法之存亡。夫古今之变，至秦而一尽，至元而又一尽，经此二尽之后，古圣王之所恻隐爱人而经营者，荡然无具。苟非为之远

思深览，一一通变，以复井田、封建、学校、卒乘之旧，虽小小更革，生民之戚戚，终无已时也。即论者谓有治人无治法，吾以为有治法而后有治人。（下略）（《原法》篇）

彼之政治理想，全在三代之民本精神，故以孟子之王道为根据，专以民利为主眼，而树立其政策。

四　结论

宗羲大才，于经学、史学、天算、乐律，无所不通。为国仇亲恨，屡罹危险，又是极富情感之人。国亡后，养母教弟，亦孝友可风。且亡国之痛，终身不忘，以所著《明夷待访录》，传其心事。此书晚清时，忽与“公羊学派”诸子之思想，无端相合。引起“革命”、“排满”之大风潮，虽曰时运使然，宗羲一人正气之感召，关系实重大也。

第三章 | 朱王折衷派

第一节 孙夏峰

一 略传及著书

凡是两学派互相对立，必有第三之折衷派，出而调和之。清初宋明理学，既已衰颓，王学末流，尤为学者所弃。顾炎武以笃实之程朱学，矫正王学；黄宗羲则提倡真正之王学，排斥末流之狂禅。然顾黄二人，虽于理学有渊源，实不以理学名，而为清代朴学开宗之巨儒。若夫专以理学著称者，程朱派有二陆，王学则无其人，折衷于朱王二派者，前有孙奇逢、李颙，后有曾国藩。诸人皆有气节，人格为一世仪表，天下士风，为之敦厚，称为命世大儒，亦不为过。著作虽缺少新说，然句句精纯，俱是人格

孙夏峰像

之表现。

孙奇逢，字启泰，号夏峰，又号钟元，直隶容城人。生于明神宗万历十二年（纪元一五八四），殁于清圣祖康熙十四年（纪元一六七五），年九十二岁。其一生活动，属于明朝之时多；故黄宗羲收之于《明儒学案》中。但其教化，则多传于清初学子，故普通又多叙于《清史》中。

奇逢事父母至孝，有气节。崇祯九年，流贼围容城，自示方略，与士民协力，卒将贼击退。清圣祖闻其贤名，屡征之，不应，天下称为孙徵君。后移家于卫之共城；辟兼山堂，讲《易》其间；率子孙躬耕，箪瓢屡空，晏然自若。晚年，讲学于夏峰，学者宗之。尝言曰："七十岁的工夫，较六十岁密；八十岁的工夫，较七十岁密；九十岁的工夫，较八十岁密"云；可见其涵养之深，与体道之精也。著有《理学宗传》二十六卷，《四书近指》二十卷，《理学传心纂要》八卷，《读易大旨》五卷，《夏峰先生集》六十卷。其中《宗传》一书，是汉代以来，哲学家之学案，为彼最用心之著作，但材料之充实，究不如黄宗羲。

二　学说

奇逢之特长，在兼取诸家而不偏于一派之学。《理学宗传》一书，即是本此意旨而作。书中自汉朝董仲舒起，至明末止，所有学者之传记，都搜辑之。宋代举周、邵、二程、朱、陆六家，明代则举敬轩、阳明、念庵、宪成四家为正宗；如慈湖、龙溪出入老佛，则附之于后，以明儒家正统。然别无门户偏见，故其门人汤潜庵说："先生真能见道之大原，无建安，无青田，惟以庸德庸言，直证天命原初之体，可谓千圣同堂，与造化游者也。"(《徵君孙钟元墓志铭》）至其学问之要，则在于体认天理。尝曰："圣贤为天地而立心，为生民而立命，其心及今，尚为存在。"且解其理曰："人者，天地之心也；人失其为人，天地何以清宁。故为天地立心，生民立命者，圣贤之事也。明王不作，圣人已远，尧舜孔子之心，至今在此；非人也，天也。"(《语录》）意谓天地之心，虽即人心，然为人之师表，立心命之义者，乃为圣人之事，此与"我心即圣贤之心"之说，似稍不同；而于程朱"圣人体仁以为天下之仪表，故当以圣贤遗意为标的，穷理以进"之意，则颇相似。奇逢之意，盖介于朱陆二子之间，试其调和折衷者也。彼谓“浑沌之初，一气而已，其主宰处为理，其运旋处为气。指而为二，不可也；浑而为一，亦不可也”。又谓“成缺在事不在心，荣辱在心不在事”。俱是折衷之意，欲合“实在论”、“唯心论”二者为一。世惟折衷者少创造，其功盖全在于传道也。

第二节　李颙

一　略传及著书

李颙，字中孚，号二曲，西安盩厔人。生明天启七年（一六二七），卒清康熙四十四年（一七〇五），其父可从，慷慨有志略，善谈兵，且以勇力著于乡。从汪乔年军讨贼，崇祯十五年，与五千壮士，共战死于襄阳城下，以殉国难。其时颙年仅十五岁也。（《李二曲全集》二十五卷《家乘》）家贫不能入塾，有人劝其母，送入县署为衙役，母不肯，教之习字，然具天禀异材，稍长，学即大进，家无藏书，借于亲友，自经史子集以及老佛之书，无不遍读。既而弃去，从事静坐观心，大有所得。顾炎武谓坚苦

李颙像

力学，无师而成，吾不如李中孚，盖的评也。康熙四年，遭母丧。丧终，往襄阳凭吊乃父战死之地。既而南下，入道南书院，发顾宪成、高攀龙诸子之遗书，为东林学徒讲学，听者云集。继又于无锡、江阴、靖江、武进、宜兴等地讲学。康熙初，陕抚以“山林隐逸”上疏荐之。特诏征召，力辞而免。至十七年征“博学鸿儒”，诸人交荐，地方官强迫起行，颙绝粒六日，最后拟拔刀自刎，其议始止。彼觉虚名为累，遂闭户不复接人。惟有顾炎武来访，曾一度款待外，虽子弟亦不见面。后圣祖西巡，使陕督传旨，必欲召见之；以废疾坚辞，幸而获免。特赐“关中大儒”四字以尊重之。

当时南有黄宗羲，北有孙奇逢，西有李颙，世称三大儒。颙为学极博，无所不通，而著述则非其所志。尝言曰：“著述一事，大抵古圣贤不得已而后作，非以立名也。故一言之出，炳若日星；万世之下，饮食之而不尽。其次虽有编纂，亦非必夸诩于时人，或只以自怡；或藏诸名山，至其德成之后而后发；或既死之日，举世思其余风，想其为人，或访诸其子孙，或求诸其门人，欲以得其平生一言为法训。此时也，是惟不出，一出即使洛阳纸贵。”（《全集》十六《与友人》）真是有道者之言。著有《全集》二十六卷（《四书反身录》八卷，亦收在内）及《十三经纠谬》、《二十一史纠谬》等；其中《反身录》，为彼精力集中之作。

二　学说

李氏思想，亦如奇逢，取陆王程朱之长，不偏于一面，但倾向则趋于陆王。唐鉴《清儒学案小识》中，虽曾谓《二曲》“笃守程朱”，然清初一般学者，率以陆王为根柢，而又赞美朱子之好学，似此两派折衷，故任从何方面解释，均可成立。且清代无论“考证派”、“理学派”俱不树党派，争出入，大都欲兼取他人之长，自己更立高处，想成一家。颙即其代表，尝因门人问“朱陆异同”？答曰：“陆之教人，一洗支离锢蔽之陋，在儒教中最为儆切；使人言下爽畅醒豁，以自有所得。朱之教人也，循循有序，恪守洙泗家法，中正平实，极便初学。要之二先生，均于世教人心有大功，不可轻为低昂也。中于先人之言，抑彼取此，亦未可谓为善学也。”（《全集》卷四《靖江要注》）正是其不偏不倚，而又能自立之处。又曰：“孔子以博文约礼之训，上接虞廷精一之传；千岁之下，渊源相承，确守不变。惟朱子为得其宗。生平自励励人，一以居敬穷理为主。穷理即孔门之博文，居敬即孔门之约礼，内外本末，一齐俱到，此正学也。故尊朱即所以尊孔也。然今人亦知辟象山，尊朱子，及考其所谓尊，则不过训诂文义而已；至于朱子内外本末之兼诣，主敬褆躬实修之旨，则缺如，吾不知其如何也。况下学循序之功，象山虽疏于朱子，然其为学也，先立其大者，峻义利之防，亦自不可得而掩之也。今日尊朱者，能如是乎？不能如是，而徒以区区语言文字之末，辟陆尊朱，则多见其不知量也。”（《全集》十五《富平问答》）此明说朱子之为学工夫实，陆子之直觉力量伟，朱子稍疏于心，象山则长于此。是故穷理而不居敬，则为俗学；居敬而不穷理，则为空疏无用之学，不能经世宰物，是腐儒也。故必二面兼施，方能精义入神，随博随约，当下事理洞明，不至支离，学业德业，两者并进也。所谓知行合一，必内外本末，工夫一齐并到，始可以成。其兼取朱陆之长，于此可见。

颙之学说，植基于陆子，而兼取朱子之长，不偏于一派，由是产出自己之学说。但折衷者多乏创造，惟其主张反省事物之理，以直观为主；又说心当保其平静，恰与李延平同；其学自然倾于内省的。故曰："学问之要，学问之得力，全在定心、静而安，寂然不动，感而遂通；廓然大公，物来顺应，犹如镜之照，不迎不随，此之谓能虑，此之谓得其所止。"（《反身录》一）故心之体，本虚，本明，本定，本静，能虚明定静，则情忘识泯，心亦不动，恰如镜中之象。盖静中之静易，动中之静难，动时能静，则静时自能静。其言定静工夫，可谓详密。

彼之学既以心德之涵养为主要，明明德止于至善为工夫，是即以致良知纯天理为中心也。故于宇宙问题、心理问题，自不多及。所以门人问《易》时，告之曰：

> 今且不必求《易》于《易》，而且求《易》于己；人当未与物接，一念不起，即此便是无极而太极；及事至念起，惺惺处，即此便是太极之动而阳；一念知

敛处，即此便是太极之静而阴；无时无刻，而不以去欲存理为务，即此便是天行健，君子以自强不息；人欲净尽，而天理流行，即此便是乾之刚健中正纯粹精。希颜之愚，效曾之鲁，敛华就实，一味韬晦，即此便是归藏于坤；亲师取友，丽泽求益，见善则迁，如风之疾，有过则改，若雷之勇；时止则止，时行则行，见可而进，知难而退；动静不失其时，继明以照四方，则兑、巽、震、艮、坎、离在己，而不在《易》矣。(《全集》五《锡山语要》)

盖以为理即吾人之心理状态，学者收敛其心，则《易》(理)之变化，即在人之心中，故心中不可无主宰，不可不收敛，如四书中之言，看是易行，而反之于身，欲其体现，亦不易；何况《易》理，欲体用之，岂不更难耶？是故格物穷理之事，实有裨于修齐治平，而后可尊；苟徒博学，而反身不诚，毕竟是玩物丧志，距道愈远。其《受授记要》有云："重实行不尊见闻，论人品不论材艺，夫君子多识前言往行，原为畜德也。德既畜矣，推己及人，有补于世。若多闻多识，而不见诸实行，以畜其德，人品不足而材艺过人，擅美炫长，于世无补，徒以夸闾里而骄流俗，焉足齿于士君子之林乎！”盖观此可知颙之学风，始终以实践伦理为重也。

第三节　曾国藩

一　略传及著书

曾国藩，字涤生，湖南湘乡人。生于清嘉庆十六年（纪元一八一一），卒于同治十一年（纪元一八七二）。道光年间，会试中式进士，授翰林院检讨。累官至礼部侍郎，丁忧回籍。会太平军起，自广西入湖南，锐不可当。在籍督办团练，立湘军；初不过保卫地方，后因屡挫太平军，遂出境御敌。尔时太平军已建都金陵，国藩崎岖戎马，十余年间，恢复沿江各省，卒破金陵，成清室中兴之业。官至大学士，爵为毅勇侯。国藩居翰林时，即与罗罗山（泽南）等，讲程朱之学，各以学行相砥砺，卒以书

曾国藩像

生，成削平大难之业。当时湘军名将，多数是平时讲学之朋友及门生。其为人公忠朴诚，言行一致，治军居官，未尝一日离开学问，粹然有儒者气象，当时风气，为之一变。其论学不主一派，于考证家之诋斥宋学，固不以为然，而于汉学，亦极推段、王、江、戴诸公。所为诗文，亦不主一家，精深博大，卓绝一代。卒年六十二。谥文正。所著书，诗、文、奏议、书札、日记及经史百家杂钞共百数十卷。门人辑而刻之，曰：《曾文正公全集》。

二　学行

自汉学极盛，攻击宋学，不留余地，门户之见至深。乾隆以来，宋学二字，几为学人所不道。但汉学大家，如戴震等，不特学术超越前古，即人格亦足为一世模范，故能压倒宋学。至其末流，则考证之途，已达于止境；学者支离破碎，徒以辨析名物为事，而薄视躬行实践。于是浮薄之士，乐其无所拘束，率以汉学家自命，渐惹人心之厌恶，尔时老成贤达之士，遂欲和会汉宋，力矫轻浮之弊习，曾国藩即为折衷派之领袖；彼支持清末数十年之学风，孜孜为学，终身不倦，虽未尝有特创之学说，然其宗旨，本在调和汉宋，且极重实践，乃兼容并包之折衷派也。

其治学之宗旨，略见于其所著之《圣哲画像记》，有云："自朱子表章周子、二程子、张子，以为上接孔孟之传；后世君相师儒，笃守其说，莫之或易。乾隆中，闳儒辈起，训诂博辨，度越前贤，别立徽志，号曰汉学；摈有宋五子之术，以为不得独尊；而笃信五子者，亦屏弃汉学，以为破碎害道；断断焉而未有已。吾观五子之言，其大者多合于洙泗，何可议也；其训说诸经，小有不当，固当取近世经说，以辅翼之；又何可屏弃群言以自隘乎！"而其《致刘孟容书》（孟容名蓉亦湘乡人）、《覆夏弢甫书》（弢甫名炘，安徽当涂人，著有《述朱质疑》等书），亦皆反覆陈明此旨。（具见《文集》）可见其兼采汉宋之长，以成文质得中之学派，不以当时之门户攻击为然，确为包容众流之大家也。且不独对于汉宋之争主调和，于程朱陆王之争，亦主调和。是时唐鉴（字镜海）著《国朝学案小识》，尊程朱而排陆王，国藩尝从鉴问学，而于鉴之主张，则非之。尝云："朱子主道问学，何尝不洞达本原？陆子主尊德性，何尝不实征践履？姚江宗陆，当湖宗朱（当湖指陆陇其），而当湖排击姚江，不遗余力；当湖学派极正，象山姚江亦江河不废之流"（《覆夏弢甫书》），此盖与小儒拘守门户之见，截然不同者也。其博采众长之处，且不限于儒学。其《日记》中有云："以庄子之道自怡，以荀子之道自克，其庶为闻道之君子乎！"又曰："以禹墨之勤俭，兼老庄之静虚，庶于修己治人之术，两得之矣"；又曰："周末诸子，各有极至之诣，其所以不及孔子者，此有所偏至，即彼有所独缺，亦犹夷惠之不及孔氏耳。若游心能如老庄之虚静，治身能如墨翟之勤俭，齐民能如管商之严整，而又持之以不自是之心，偏者裁之，缺者补之，则诸子皆可师，不可弃也。"于此可见其博大；其身心实践，亦悉与以上所言相合；且每日必静坐数息百入，则又采用道家功夫者也。

国藩生平，极服膺桐城姚姬传鼐，故《圣哲画像记》，并尊顾、秦、姚、王，顾即昆山顾亭林，秦则无锡秦蕙田，王则高邮王念孙父子也。然姬传称学问之途有三，曰：义理、考据、词章；义理指宋学，考据指汉学。而国藩则云："有义理之学，有词章之学，有经济之学，有考据之学。义理之学，即宋史所谓道学也，在孔门为德行之科。词章之学，在孔门为言语之科。经济之学，在孔门为政事之科。考据之学，即今世所谓汉学也，在孔门为文学之科。此四者阙一不可。"（见《日记》）惟其局量广大，故其门下，才智毕集，一艺一长，靡所不揽。学识则广于程朱，事功则越乎阳明，伟成中兴之业，决非偶然。以现在眼光批评，一若以汉人辅佐满清，杀戮同胞，为大不道，其实时势使然，不足以损其学问人格也。

第四章 | 关洛闽学派

第一节 王夫之

一 略传及著书

王夫之，字而农，号薑斋。生明神宗万历四十七年（纪元一六一九）。崇祯十五年，中式举人。明亡，桂王监国驻桂林，大学士瞿式耜辅佐之。夫之往从，授行人官。后以母病辞归。而桂王覆亡，式耜亦殉节于桂林。夫之遂隐遁不出，展转于湘西、郴、永、涟、邵间，与苗瑶杂处。晚乃居衡阳之石船山，杜门不出。学者称船山先生。清康熙三十一年，卒（纪元一六九二）。年七十四。自题其墓曰：明遗臣王某之墓。

著书有《周易内传》十二卷；《周易外传》七卷；《周

王夫之像

易大象解》一卷；《周易稗疏》二卷；《周易考异》一卷；《书经稗疏》四卷；《尚书引义》六卷；《诗广传》五卷；《诗经稗疏》五卷；《诗经考异》一卷；《礼记章句》四十九卷；《春秋稗疏》二卷；《春秋家说》、《春秋世论》五卷；《读春秋左氏传博议》二卷；《四书义训》三十八卷；《四书稗疏》二卷；《四书考异》一卷；此外尚有《张子正蒙注》、《思问录内外篇》、《俟解》、《噩梦》、《黄书》等，均收《船山遗书》中。

二　学说

夫之之学，由关而洛而闽，力诋殊途，归宿正轨。其《张子正蒙注序》云："张子之学，上承孔孟，如皎日丽天，无幽不烛。惜其门人未有殆庶者，其道之行，曾不逮邵康节之数学，是以不百年而异说兴。"于此可见夫之实崇拜张子之关学，而有意继承之者。其作《大学补传》为之衍曰："经云事有终始，知所先后，则近道矣。递推其先，则曰在格物；物格而后知至，知至而后意诚，以及于天下平，皆因焉。是事之始，为先所当知者明矣。故以格物为始教，而为至善之全体，非朱子之言也，经之意也。……君子之所谓知者，吾心喜怒哀乐之节，万物是非得失之几，诚明于心而不昧之谓耳，非君子之有异教也。人之所以为人，不能离乎君民亲友以为道，则亦不能舍夫人官物曲以尽道，其固然也。今使绝物而始静焉，舍天下之恶，而不取天下之善，堕其志，息其意，外其身，于是而洞洞焉，晃晃焉，若有一澄澈之境，置吾心而偷以安。又使解析万物，求物之始而不可得；穷测意念，求吾心之所据而不可得；于是弃其本有，疑其本无，则有如去重而轻，去拘而旷，将与无形之虚同体，而可以自矜其大。斯二者乍若有所睹，而可谓之觉；则庄周瞿昙氏之所谓知，尽此矣。然而求之于身，身无当也；求之于天下，天下无当也。”此其抉剔释老之弊，亦与张子《正蒙》中所说“蔽其用于一身之小，游其志于虚空之大者”相同。故唐鉴之《国朝学案小识》，称夫之为由关而洛而闽也。

又云：“彼自为说，而为君子之徒者，未有以为可与于圣人之教也。有儒之驳者起焉，有志于圣人之道，而惮至善之难止也。……于是取大学之教，疾趋以附二氏之涂，以其恍惚空明之见，名之曰：此明德也，此知也，此致良知而明明德也；体用一，知行合，善恶泯，介然有觉，颓然任之，而德明于天下矣。乃罗织朱子之过，而以穷理格物，为其大罪。天下之畏难苟安，以希冀不劳无所忌惮而坐致圣贤者，翕然起而从之。”此则明明斥王学之依附释老，而推尊朱子。故又云：“夫子博文约礼之教，千古合符，精者以尽天德之深微，而浅者亦不亟叛于圣道。圣人复起，不易朱子之言矣。”夫之之学，归宿于闽，于此益见。

其衍《中庸》曰：“《中庸》、《大学》，自程子择之《礼记》之中，以为圣贤传心入德之要典。迄于今学宫之教，取士之科，与言道者之所宗，虽有曲学邪说，莫能违也；则其为万世不易之常道久矣。乃《中庸》之义，自朱子之时，已病乎程门诸子，背其师说，而淫于佛老……朱子《章句》之作，一出于心得，而深切著明，俾异端之徒，无可假借，为至严矣。……数传之后，朱门之余裔，或以钩考文句，分支配拟，为穷经之能事。……其偏者则以臆测度，趋入荒杳，堕二氏之郛廓，而不自知。……明兴，河东、江右诸大儒，既汲汲于躬行，而立言之未暇。降及正嘉之际，姚江王氏始出焉，则以其所得于佛老者，殆攀是篇，以为证据。其为妄也，既莫之穷诘，而其失之皎然易见者，则但取经中片句只字，与彼相似者，以为文过之媒。至于全书之义，详略相因，巨细毕举，一以贯而为天德王道之全者，则茫然置之而不恤。迨其徒二王、钱、罗之流，恬不知耻，而窃佛老之土苴，以相附会，则害愈烈；而人心之坏，世道之否，莫不由之矣。夫之不敏，深悼其所为，而不屑一与之辩也。故僭承朱子之正宗，而为之衍，以附诸章句之下。庶读者知圣经之作，朱子之述，皆圣功深造体验之实，俾学者反求自得，而不屑从事于文词之末，则亦不待深辩，而驳儒淫邪之说，亦尚息乎！”此其摈斥阳明及王门诸子，尤为深切著明者也。

夫之自己之学说，多见于《思问录内外篇》、《俟解》二书。其言性，则曰：“尽性以至于命，至于命而后知性之善也。天下之疑，皆允乎人心者也；天下之变，皆顺乎物则者也；何善如之哉！测性于一区，拟性于一时，所言者皆非性也，恶知善。”盖谓性是普遍的，不可于一方面测之，不可于一时间拟之，必推极至于命，而后可知性之全体也。其言心，则曰：“天下何思何虑，言天下不可得而逆亿也；故曰：无思，本也；物本然也。义者，心之制，思则得之；故曰：思，通用也，通吾心之用也。死生者，亦外也；无所庸其思虑者也。顺事没宁，内也；思则得之者也。不于外而用其逆亿，则患其思之不至耳；岂禁思哉！”又云：“欲修其身者，先正其心，圣学提纲之要也。勿求于心，告子迷惑之本也。不求之心，但求之意，后世学者之通病；盖释氏之说，暗中之。呜呼！舍心不讲，以诚意而为玉钥匙，危矣哉！”（以上皆《思问录内篇》）王氏盖本乎孟子“心之官则思”之说，谓心之用在于思，不能用逆亿之意。后世学者之病，是舍心而求意，此其蔽也。其言性与气之别，则曰：“末俗有习气，无性气；其见为必然而必为，见为不可而不为，以婞婞自任者，何一而果其自好自恶者哉！皆习闻习见而据之，气遂为之使者也。习之中于气，如瘴之中于人，中于其所不及知。而其发也，血气皆为之懑涌。故气质之偏可致曲也；嗜欲之动，可推以及人也；唯习气移人，为不可复施斤削。”（《俟解》）此则推衍孔子性相近习相远之说，而穷究习气之流弊，不觉其言之痛切也。

第五章 | 考证学派

第一节 考证学之渊源

考证学之渊源，出于顾炎武，兹举其研学之特色：第一，其研究方法，即为归纳的、科学的；第二，以不吸古人之糟粕，而以独创的主张为生命；第三，力求研究之所得，可以施于实用，所谓致用之精神；此三者是其主要之特色也。第一归纳的，是就事迹、文物、文句、文字等，俱一一博引旁证，总合研究其异同，以期入手即无谬误，而后归纳之以为定说，用意十分周到。第二独创的，则以窃取古人已阐明之遗说为耻，务自己独创之见解，以立新说。《日知录·自序》曰："常谓今人纂辑之书，正如今人之铸钱；古人采铜于山，今人则买旧钱，名之曰废铜，以充铸而已；所铸之钱，既已粗恶，而又将古人传世之宝，舂锉碎散，不存于后，岂非两失之乎！……承问《日知录》又成几卷，盖期之以废铜，而某自别来一载，早夜诵读，反复穷究，仅得十余条，然庶几采山之铜也。”由此可知其独创的精神。全祖望亦曰：“凡先生之游，必载书自随，至阨塞之所，即呼老兵退卒，询其曲折，或与平日所闻不相合时，即发书而对勘之。”（《鲒埼亭集·亭林先生神道碑》）似此周游天下，前后且三十年，——如此，其实证之精神，可以想见。所以《四库全书提要》曰：“炎武学有本原，博赡而能贯通，每一事必详其始末，参以证佐，而后举之于书，故引据浩繁，而少抵牾，非如杨慎、焦竑诸人之偶然涉猎，得一义异同，知其一不知其二也。”其造诣之深，及论断之精赅的确，又可想见。第三致用，则以为学者一切研究，不可单止于断理，尤当使之适于实用之谓。由来孔孟为学之精神，都是实用主义，不是纯理思辨之学；至宋明全然埋殁孔孟之本旨，学者远于世用，惟尚空谈，是为大病故；不可不复于孔孟当年，亦以经世致用为宗旨。其所著《天下郡国利病书》，即其致用方面之代表。

以炎武此种归纳的独创的致用的精神为中心，而续起者，即为“考证学派”。此派自阎若璩、胡渭而后，至乾隆时，惠栋、戴震而大成，特尊之为汉学，以排斥宋学。惠栋是吴人，承其祖周惕、父士奇三世相传之经学，世称吴中三惠，其学号称为吴派。戴震是皖人，其学号为皖派。此外尚有段若膺、王怀祖及其子引之等，人才辈出，号称极盛。至此时，考证学于“为学问而学问”之精神，发挥极多；致用之精神则缺焉。

第二节　考证学之内容

考证学研究经子之方法，大别之可分为“训诂”、“校勘”二种：前者是书中字义之整理贯通，后者是书本之整理。训诂之学是惠栋一派“汉学”者之所长，取古义古训之同一事类、同一用法，多方搜集，而比较归纳之；其法虽与古来之训诂学不甚相远，然研究之深广，及客观的态度，是其特色。兹举例如下，即此派之中坚戴、段、二王所用之方法，应用于“小学”属于文字、音韵、文法三方面者；或则参照古训之义理，而比较归纳，以作定说者。

（一）“文字”上之研究。是根据古义，将古字典、古笺注及古书之同类事项，比较综合之谓。

〔例〕《老子》三十九章，“为天下正”。(《读书杂志》余篇上)

侯王得一以为天下贞，河上公本，贞作正，注云：为天下平正。念孙（怀祖字）案：《尔雅》曰：正，长也；《广雅》曰：正，君也；《吕氏春秋·君守篇》：可以为天下正；高《注》曰：正，主也；为天下正，犹《洪范》言为天下王耳。下文天无以清地无以宁，即承上文天得一以清，地得一以宁言之。又曰：侯王无以贞而贵高将恐蹶，贵高二字，正承为天下正言之，是正为君长之义，非平正之义也，王弼本正作贞，借字耳。

以上取古字典二条，古书同类二条，注一条，考证“正”字之字义。

（二）以“音韵”为根据，对于文字之研究。其法用假借、声类、通转等用例为证。意谓古字通用，由于音韵之不大相违，所以要明古字之意义，不可不明古来音韵变迁之理。其说顾炎武、江永、钱大昕、孔广森等力倡之，以后音韵学遂大兴。

〔例〕《庄子》“培风”。

《逍遥游篇》，风之积也不厚，则其负大翼也无力，故九万里，则风斯在下矣，而后乃今培风。《释文》曰：培，重也；本或作陪。念孙案：培之言冯也，冯，乘也。（见《周官·冯相氏》注）风在鹏下，故言负；鹏在风上，故言冯；必九万里而后在风之上，在风之上而后冯风，故曰而后乃今培风。若训培为重，则与上文了不相涉矣。冯与培声相近，故义亦相通；《汉书·周緤传》，更封緤为鄘城侯。颜师古曰，鄘，吕忱音陪，而《楚汉春秋》作冯城侯；陪冯声相近，是其证也。冯字古音在蒸部，陪字古音在之部，之部音与蒸部音相近，故陪冯声亦相近。《说文》曰：陪，满也；王注《离骚》曰：冯，满也；陪冯声相近，故皆训为满。

此引古字典、古书注各数条，辨证“冯”、“陪”古音相近，字义相同如此。

（三）“文法”上之研究。取助字、介字、连字、状字等，都解作名字、代字等实字，以匡正其义之方法之谓。此方面之大成者，是王怀祖父子，所著《经传释辞》，尤其代表之作。

〔例〕《老子》三十一章，“夫佳兵者不祥之器”。

《释文》：佳，善也；河上公云：饰也。念孙案：善饰二训，皆于义未安。古所谓兵者，皆指五兵而言；故曰，兵者不祥之器；若自用兵者言之，则但可谓之不祥，而不可谓之不祥之器矣。今案：佳，当作隹，字之误也；隹，古唯字也；唯兵为不祥之器，故有道者不处。上言夫唯，下言故，文义正相承也。八章云：夫唯不争，故无尤；十五章云：夫唯不可识，故强为之容；又云：夫唯不盈，故能敝不新成；二十二章云：夫唯不争，故天下莫能与之争；皆其证也。古钟鼎文，唯字作隹，石鼓文亦然；又夏竦古文

> 四声韵，载《道德经》唯字作[illegible]，据此，则今本作唯者，皆后人所改；此佳字若不误为佳，则后人亦必改为唯矣。(《读书杂志》余篇上老子)

以上三例，不过示“考证学”之片鳞，然由此片鳞，读者当可悟到考证所研究，是科学的、客观的，且用意亦极周到。训诂方法，不独如上所述，或引史上事例，或引证金石彝器钟鼎之款识。又如惠栋一派之汉学家，考证汉代之古义古训，其方法依人而异，不仅上述之方法而止。上所述三例，是因其在小学及其他方面，使用最多，故特标出之。

至于“校勘”古书，则与“训诂学”正有密切关系，专以勘校本文之正确为事。集古刻之善本多种，厘正其异同，及误字误句等，其方法则述本书上之通用义例，及类书中之引用文，及本文上下之文义文法等，详加考察，而匡正其谬误。此事业亦收盛大之效果。

第三节 戴 震

一 略传及著书

考证学虽分吴皖两派，而皖派戴震，初亦从惠栋游，厥后自成一家。但考证学家多致力于训诂文字方面，于思想实无可述，故于哲学上关系极少。惟戴震则稍有涉及思想方面者，本章略述之。

戴震，字慎修，一字东原，安徽休宁人。生于清雍正元年（纪元一七二三），殁于乾隆四十五年（纪元一七八〇）。彼为考证学大家，因受时代之影响，毕生致力于此。然其博大彻底之精神，亦有出于考证学之外，而致其思索者。彼嫌宋人以一己之胸臆解经义，于是以“唯

戴震像

求实事不主一家”之科学的精神，解读古书。故于宋儒混杂老释之思想，以依附孔孟，及舍欲言理，排情固性之见解，概斥为非。而著《原善》三篇，《孟子字义疏证》三卷，以期揭出孔孟之真正面目。（此书收在《戴氏遗书》四帙中）

二　人生哲学

代表震之思想，即以上二书。著此书之动机，乃为破宋儒空疏之谬见，而高倡儒学根本精神，为实用经世之术者也。

震先就宋学之根本“理”为之说曰：“程朱以理言性，其见性也。以为人心中如有一物，此物即为理，而此理又即为得之于天，具之于心者。吾人求理时，不外体贴天意；而体贴天意以明理，又不可不去人欲。”（《戴氏遗书》九附录《答彭进士书》）但理字之说，《六经》及《论》《孟》中，多不散见，要为宋儒独得之思想，与孔孟之本旨，初无关系。例如宋儒立理欲之辩，以为不出于理，则必出于欲；不出于欲，则必出于理；而除去一切情欲，即为本然之性，即为理。但古之圣贤，未尝有涸竭民情之语，但说当使人各遂其情，而得中庸，以期社会之进步。宋儒去欲之说，要为混杂老佛虚无之证据，孔孟决不将情理区而为二也。是则“理也者，情之不爽失也；未有情不得而理得者也”。（《疏证》上卷）情者，自是性之“分理”，以性之静者当天理，则人欲者，性之动者也。从而绝此性之动，即是绝人之理，岂圣人之道哉！毕竟性之中含有知、情、欲三者，性之名字，方得存在。古人言性，但以气禀为言，亦未尝明言惟理义为性。理义之说，虽由于孟子，是因当时异说纷起，就方便上，取此理义以为圣人治道之具。故孟子说：“养心莫善于寡欲”，明乎欲之不可无也，寡之而已。人之生也，莫病乎无以遂其生，欲遂其生，亦遂人之生，仁也。欲遂其生，至于戕人之生而不顾者，不仁也。不仁实始于欲遂其生之心；使无此欲，必无不仁矣。然使其无此欲，则于天下之人，生道穷蹙，亦将漠然视之。己不必遂其生，而能遂人之生，无是情也。然则谓不出于正，则出于邪；不出于邪，则出于正，可也；谓“不出于理，则出于欲；不出于欲，则出于理不可也。何以故？欲其物，理其则也。若谓不出于邪而出于正，犹往往有意见之偏，未能得理；况更谓不出于理而出于欲乎”。（《疏证》上卷）事实上，自宋以来，言理欲之人，徒以为正邪之辨；其不出于邪而出于正，要为以理应事之言。但理与事不可分为二；分而为二，则必害事无疑。夫事至而应者心也；心有所蔽，则于事情未之能得，又安能得理乎？

盖人类生存以上，若禁止其情欲，要为至难之事。饥寒、愁怨、饮食、男女之常情，以及一切隐情曲绪，皆称之为“人欲”；然此种人欲，如尽除去，则非根本上否定人生，当不可能。抑天道者，要不外阴阳五行；人之生也，分此阴阳五行而为性，是以有血气，有心知，从而又有情欲。此心知与情欲，有密切相关。故知、情、欲（意）三者，要为心之三大作用；去其一，则人生不得完全。故云：

记曰：“饮食男女，人之大欲存焉”；圣人治天下，体民之情，遂民之欲，而王道备。人知老庄释氏，异于圣人，闻其无欲之说，犹未之信也。于宋儒则信以为同于圣人，理欲之分，人人能言之。故今之治人者，视古圣贤，体民之情，遂民之欲，多出于鄙细隐曲，不措诸意，不足为怪。而及其责以理也，不难举旷世之高节，著于义而罪之；尊者以理责卑，长者以理责幼，贵者以理责贱，虽失谓之顺；卑者、幼者、贱者，以理争之，虽得谓之逆。于是下之人，不能以天下之同情，天下所同欲，达之于上。上以理责其下，而在下之罪，人人不胜指数。人死于法，犹有怜之者；死于理，其谁怜之！呜呼！杂乎老释之言以为言，其祸甚于申韩如是也。《六经》孔孟之书，岂尝以理为如有物焉，外乎人之性之发为情欲者，而强制之也哉？（《疏证》上卷）

戴氏取宋儒以理为性之本质心之主宰之误谬，指摘无遗。心是知、情、意三者之合体，去其一，心且失其为心，于生物之体，而去其欲情时，是否定其生存也。人不可不去情欲之论，孔孟皆未言及，谓君子之治天下也，使人各得其情，各遂其欲，勿悖于道义。君子之自治也，务使情与欲一于道义，夫遏欲之害，甚于防川；绝情去智，仁义充塞；要为老释之言，非吾儒本旨。吾儒但主张去其欲之私与蔽，而归于欲之中庸。以为修为之要谛，决无此种无欲与绝欲之主张。盖孟子之所谓“性”，即宋儒之所谓“才”，俱指气禀而言；此才不尽，则有二患：一曰私，二曰蔽，世所谓善不善，要由于此二者，而非才之罪。故学礼义可以去蔽，而强制可以去私，圣人之教化，要为如此。而吾儒四德之意义，亦是求欲情之得其中，而下此工夫。戴氏盖对于人性之本质，始终立足于人生观上，以自然的生理的下其观察；不似宋儒由本体的伦理的而作抽象论。其结果对于混杂老佛之宋儒理学，极端反对，以明孔子之真传，可谓卓识。而分心为知、情、意三面，以解释心体，合乎近世之心理学，尤足见其思想之致密也。

三　伦理观

戴氏于宋儒混和释老之心性说，既唾弃之，而以经世实用之学，善导天下之民，造成文质彬彬之文化社会，实现孔孟之精神，当然为其理想。故主张不可不使民遂其情，调节欲望而保其中庸；但如何而此情可遂，此欲可达，在实践伦理上，人生知、情、意三者，如何可以保其调和。戴氏曾言去私去蔽，制御欲情，此两条是其教育观及伦理观。尝曰：私生于欲之失，蔽生于知之失，释氏尚无欲，儒家尚不蔽；释氏以为主静可至于君子，儒家则强恕以去私，问学以去蔽，主忠信，而明其善，则养其心而去其私，即得欲之中庸。其言曰：

> 夫遏欲之害，甚于防川；绝情去智，仁义充塞。人之饮食也，养其血气；而其问学也，养其心知，是以自得为贵。血气得其养，虽弱必强；心知得其养，虽愚必明；是以扩充为贵。君子独居思仁，公言思义，动止应礼，竭其所能谓之忠，明其所履谓之信，施其所平谓之恕，驯而致之谓之仁且智，仁且智者，不私不蔽者也。君子之未应事也，敬而不肆，以虞其疏；事至而动，正而不邪，以虞其伪；必敬必正，以致中和，以虞其偏且谬。戒疏在乎恐惧，去伪在乎慎

独，致中和在乎达礼。精义至仁，尽天下之人伦，同然归之于善，可谓至善矣。若夫以理为学，以道为统，以心为宗者，探之茫茫，索之冥冥也。曷若反求之六经耶！（《原善》）

以六经匡心知，以物质遂欲而养血气，正所谓健康之精神，宿于健全之身体者也。明乎此义则养其中和之德，则私蔽自去，孟子所谓大丈夫之境地自达。其思想，正通于近代之“自然主义”与“功利主义”所谓“以人之欲，为己欲之界；以人之情，为己情之界”之说，尤为极自然的见解，其中默含功利思想，自不待言。

第四节　洪亮吉

一　略传及著书

经史学家而具深湛之思想者，戴震而外，尚有洪亮吉。亮吉字君直，一字稚存，江苏阳湖人。生六岁而孤，家贫，就外家读，聪颖倍常儿。年二十四，补诸生，始好词章，继乃兼治经史。性至孝，常橐笔游公卿间，节所入以养母。母卒后，遇忌日，辄不食。居陕时，至友黄景仁病笃，驰函托以身后事。四昼夜驰七百余里，往料理其丧；扶其柩回常州，为营葬焉。乾隆庚子中顺天乡试。庚戌成进士，授翰林院编修。旋提督贵州学政，其教士敦厉实学；由是黔人皆知好古读书。嘉庆初，川楚教匪作乱，

洪亮吉像

上求直言。乃上书谓圣躬兢业于上，在勤政远佞；臣工惕厉于下，毋奔竞营私；语过激直。上震怒，下军机刑部会讯，拟大辟。特恩，免死，戍伊犁。就道之日，居民围观于马前，相与叹息曰："此所谓不怕死之洪翰林也。"后赦回，自号更生居士。从此一意著述，放浪于山水者十年。卒年六十四。

所著书有《左传诂》二十卷；《公羊穀梁古义》二卷；《六书转注录》十卷；《汉魏音》四卷；《比雅》十卷；《传经表》、《通经表》各二卷；此外尚有《地理志》及《诗文集》、《词》、《乐府》等，合刊为《洪北江遗书》。

二　学说

亮吉文集中，有《意言》二十篇。其中《真伪篇》有云："今世之取人也，莫不喜人之真，厌人之伪，是则伪不可为矣；而亦不然。繈褓之时，知有母而不知有父，然不可谓非繈褓时之真性也；孩提之时，知饮食而不知礼让，然不可谓非孩提时之真性也。至有知识而后，知家人有严君之义焉；其奉父也，有当重于母者矣。饮食之道，有三揖百拜之仪焉；酒清而不饮，肉干而不食，有非可径情直行者矣。将为孩提时之真乎？抑有知识时之真乎？必将曰：孩提之时虽真，然苦其无知识矣。是则无知识之时真，有知识之时伪也。吾以为圣人设礼，虽不导人之伪，实亦禁人之率真。何则？上古之时，卧据据，兴盱盱，一自以为马，一自以为牛，其行蹎蹎，其观瞑瞑，可谓真矣。而圣人必制为尊卑上下寝兴坐作委曲烦重之礼以苦之；则是真亦有所不可行，必参之以伪而后可也。且士相见之礼当矣，而必一请再请，至固以请，乃克见。士昏之礼，当醴从者矣，亦必一请再请，至固以请，乃克就席。乡射礼，知不能射矣，而必托辞以疾。以至聘礼，不辱命，而自以为辱。朝会之礼，无死罪，而必自称死罪。非皆禁人之率真乎。总之：上古之时真，圣人不欲过于率真，而必制为委曲烦重之礼以苦之；孩提襁褓之时真，圣人又以为真不可以径行，而必多方诱掖奖劝以挽之；则是礼教既兴之后，知识渐启之时，固已真伪参半矣。而必鳃鳃焉以真伪律人，是又有所不可行也。”此其言真伪，与世之言真伪者绝不同，颇近荀子性恶善伪之说。然在《形质篇》，则又谓 :“嗜欲益开，形质益脆 ; 知巧益出，性情益漓” ; 其意又似相反，一若所说之伪道，毕竟不可以久，去伪日近，离真愈远，吾人宜复归于真者方可也。

亮吉之经济思想，尤极缜密，其《意言》中之《治平篇》云 :“人未有不乐为治平之民者也，人未有不乐为治平既久之民者也。治平至百余年，可谓久矣。然言其户口，则视三十年以前，增五倍焉 ; 视六十年以前，增十倍焉 ; 视百年百数十年以前，不啻增二十倍焉。试以一家计之 ; 高曾之时，有屋十间，有田一顷，身一人，娶妇后不过二人。以二人居屋十间，食田一顷，宽然有余矣。以一人生三子计之 ; 至子之世，而父子四人 ; 各娶妇即有八人 ; 八人即不能无佣作之助，是不下十人矣。以十人而居屋十间，食田一顷，吾知其居仅仅足，食亦仅仅足也。子又生孙，孙又娶妇，其间衰老者或有代谢，然已不下二十余人。以二十余人而居屋十间，食田一顷，即量腹而食，度足而居，吾知其必不敷矣。又自此而曾焉，自此而玄焉，视高曾时，口已不下五六十倍。是高曾时为一户者，至曾玄时不分至十户不止。其间有户口消落之家，即有丁男繁衍之族，势亦足以相敌。或者曰：高曾之时，隙地未尽辟，闲廛未尽居也；然亦不过增一倍而止矣；或增三倍五倍而止矣；而户口则增至十倍二十倍。是田与屋之数，常处其不足；而户与口之数，常处其有余也。又况有兼并之家，一人据百人之屋，一户占百户之田；何怪乎遭风雨霜露饥寒颠踣而死者之比比乎？曰：天地有法乎？曰：水旱疾疫，即天地调剂之法也。然民之遭水旱疾疫而不幸者，不过十之一二矣。曰：君相有法乎？曰：使野无闲田，民无剩力，疆土之新辟者，移种民以居之，赋税之繁重者，酌今昔而减之。禁其浮靡，抑其兼并，遇有水旱疾疫，则开仓廪悉府库以赈之。如是而已。是亦君相调剂之法也。要之，治平之久，天地不能不生人，而天地之所以养人者，原不过此数也。治平之久，君相亦不能使人不生，而君相之所以为民计者，亦不过前此数法也。然一家之中，有子弟十人，其不率教者常有一二。又况天下之广，其游惰不事者，何能一一遵上之约束乎！一人之居，以供十人已不足，何况供百人乎！一人之食，以供十人已不足，何况供百人乎！此吾所以为治平之民虑也。”此以户口之增与田屋之增不相比，累率以计算，十分精审。近世经济学者竭尽脑力，研究数十年而卒无方法以善其后者，即此问题。亮吉生于乾嘉极盛之时，而思深虑远，若已见及天下危乱之机，诚可谓卓见。且彼时亦初不知有所谓经济学、统计学，而其思虑之周密如此，尤不得不使人叹服也。

第五节 俞 樾

附孙诒让

一 略传及著书

俞樾，字荫甫，号曲园，浙江德清人。清宣宗道光二年（纪元一八二二）生，光绪三十三年（一九〇七）卒，年八十有六。三十岁成进士，入翰林。咸丰七年，提督河南学政，革职，寓居苏州读书，始有志著述。治经之外，旁及诸子。著有《春在堂全书》，其中《群经平议》三十五卷，《诸子平议》三十五卷，最有价值。此外有《第一楼丛书》三十卷，《诗词编》、《宾朋集》等百七十六卷，《宾朋集》卷四十五有《性说》上下二篇，可以见其

俞樾像

讲学之态度。盖其眼中，以为孔子初不判定性之善恶，至孟荀始有善恶之主张，彼则有取于性恶说，而不取性善说者也。

二　学说

（一）论性与才之别

曲园谓民之初生，如禽兽然；圣人惧之，故教以五伦之道，设礼制刑，荀子之言，实已尽之。夫使人性本善，则圣人何必如此？或难之曰：圣人教人，以人性本善也；若人性不善，则教无所施，今将执禽兽使知五伦之道，其可得乎？吾则曰：此非性之异，才之异也；禽兽无人之才，故不能为善，亦不能为大恶。人则不然，其才能役使万物，方其未有圣人之时，天下之人，率其性之不善，又佐之以才，盖其为恶，十百倍于禽兽也。圣人曰："是能为恶，亦将能为善，不如禽兽之冥顽不灵，吾无从施其教。"于是以其所能，教人之不能；以其所知，教人之不知；人之才果足以及之。然则人之可以为圣人者，才也，非性也。性者，人与物之所同也；才者，人与物之所异也。禽兽之不及人，非其性之不足，其才之不足也。曲园之伦理说，为性恶一元论，视性甚轻。自性言之，则人类与下等动物，悉皆同一；惟才有优劣，故人类为万物之灵长，而动物则为人之使役也。且惟人之才多，故为恶亦远胜于禽兽；是故当求善良之方法，以谋屈性伸才。是彼之政治教育之要旨，亦可谓之轻性重才说。

（二）驳孟子

曲园谓孟子所云："人之所不学而能者，其良能也；所不虑而知者，其良知也。"而以孩提之童之爱亲敬兄为证据，其说非也。何则？孩提之童，其母乳之，其父燠咻之，故自然能爱其亲，此爱非良知良能，乃昵其所私耳。及长则对于其亲，偶有同异之见，而憎爱即起；至于兄弟之间，友悌破裂，时起争斗，乃是常事，此适足以表明性之不善也。又云：孟子说"人无有不善，水无有不下，今夫水，搏而跃之，可使过颡；激而行之，可使在山；是岂水之性哉？其势则然也！人之可使为不善，其性亦犹是也"。呜呼！使世人而皆圣贤，其愚者不失为君子，为恶者仅千百中之一，则孟子之言信矣。今天下之人，为善者少，为恶者多，何其性之善变耶！夫水，搏之过颡，俄顷即复其故；人性岂如是耶？强之如是，固决不能持久，而人之为恶，将终其身焉，则孟子之说非也。又谓人之善恶恰如寿夭，孟子曰："人皆可以尧舜"，此无异说人皆可以保百年之寿，呜呼！何其言之轻易也。

（三）孟荀比较

孟荀二子之性说，于根柢则正相反对，而其修为之极度，得达于圣人之域则同。孟子曰："人皆可以为尧舜"；荀子曰："涂之人可以为禹。"于是曲园本其自家之见地，以判断二家之说曰："荀子必取于学者也；孟子必取于性者也。从孟子之说，将使天下之人，恃性而废学，而释氏之教，得以行于其间；《书》曰：'节性，惟日其迈。'（《周书·召诰》）；《记》曰：'率性之谓道。'（《中庸首章》）孟子之说，率其性者也；荀子之说，节其性者也。夫为君子之责者，在使人知率其性；人者，在使知节其性者也。故吾人论性，不从孟而从荀也。"由是观之，曲园之性说，乃自政治教育之功利见地上以立言也。

三　结论

荀子出于周末，唱性恶一元的伦理说，后儒非之者多，绝无一人左袒之者；隔千九百余年后，曲园独毅然赞同之，不可谓非隔世之知音也。近代西洋之利己说，实即与性恶说，同一见地；而在我国，则古今来惟有荀俞二氏，主张此说耳。曲园当清代诸儒醉心于程朱糟粕之际，独不肯盲从，而排斥宋明以下诸大家，遥应荀子，不可谓非卓见，岂得谓其好奇乎？然曲园始终尊崇孔子，其辨性与才曰："性恶者，才可为善可为恶者也。"惜于性与才之关系，尚未有彻底之解释。以此说比较孟子之性情才皆善说，固大不同；以之比较荀子之天性恶人为善之说，则曲园之辨析性与才，有加一层阐明之功。以图解之如下：

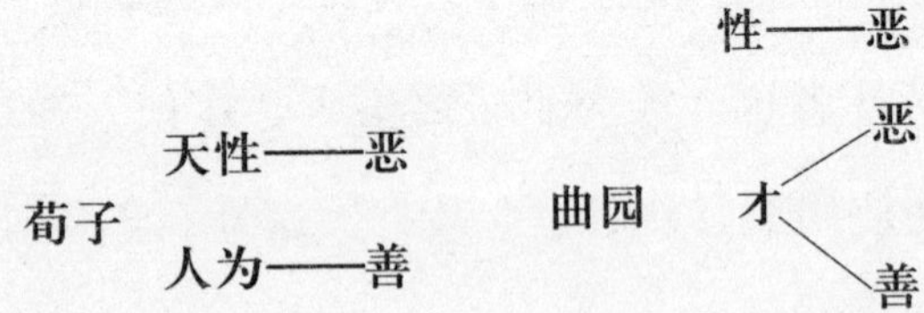

依吾人今日之见，究竟古来性善性恶二说，孰近真

理？则答曰两者不过各含一部分之真理，而未完全者也。盖性之本体浑然，无所谓善恶；善恶者，其后起之作用也。各就作用之一面，以认本体，而执为善为恶之说，是不免见其一不见其二；故以孔子言“性相近，习相远”，最为适当。若执其一偏，而互相诋排，恰如执着爱己主义、爱他主义，各偏于一方相似。然在儒家之立场，惟以性善说为最正，故古来无数学者，罔不欢迎孟子；独有曲园敢于千百余年后，阐发荀子之说，其自由研究之精神，有足多者。

曲园曾主讲浙江诂经精舍，有大弟子曰孙冶让，卓然为考证学之殿将，其造诣之精，几驾乎乾嘉诸大师之上；特附述之。

孙诒让，字仲容，浙江瑞安人，太仆依言之子。少好六艺古文，太仆讽之，使为经世致远之学。诒让谓“先汉诸黎献，风义皭然，经训固未尝不可通于治也”。太仆乃授以《周官经》，其后作《周礼正义》，实自此始。年二十，中同治丁卯乡试，援例得主事。从父官江宁，与德清戴望、仪征刘寿曾等游，学益进。

从来治经者，以《礼》为最难。诒让则独长于礼，所著《周礼正义》八十六卷，宏深精博，冠绝古今。又著《古籀拾遗》三卷，以金石文字，辨正六书。兼推阐古人造字之精意，成《名原》二卷。又辨析龟甲，成《契文举例》二卷。又以《墨子》脱误乖舛，几不可读，乃集合诸家校本，一依小学形声通假之例，逐加诠释，成《墨子间诂》十五卷；今人得以通墨子者，端赖此书。此外著述甚多，大抵不出经学小学范围。诒让诚不愧为清代三百年最后之朴学大师也。光绪三十四年五月（纪元一九〇八），病中风卒，年六十一。

第六章 | 实用派

第一节 颜元

一 略传及著书

汪中有“六儒颂”，举昆山顾炎武、德清胡渭、宣城梅文鼎、太原阎若璩、元和惠栋、休宁戴震六人。但可与六人并肩齐驱者，更有余姚黄宗羲、衡阳王夫之、无锡顾祖禹、大兴刘献廷，皆一世之大儒，除黄、王二子外，余二人称为思想家，当有不类。此外又有颜元其人，倡特异之学说。其学超出“宋明性理学”之范围外，直参孔孟经世之学，欲以谋天下国家之公利。然其内容，不如孔孟之为理想的，而为意志的、努力的及节用公利之点，与墨子极多类似之处。

颜元字浑然，号习斋，直隶博野人。生于明崇祯八年

颜元像

（纪元一六三五）。父讳㫤，事迹不明，然在习斋幼时，已远往辽东，且在该地再娶。习斋五十岁，曾寻访其父，有银工金某之妻，告以墓所在，祭而归。（《颜氏遗书·年谱》）其生母何时殁，不可得而考。但其幼时养于蠡县刘村朱翁家，备尝贫苦，当是事实。八岁就学，刻苦勉励，异于常人，学业因以日进。稍长，慨国事日非，因研究战守攻取之略。二十一岁时，读《通鉴》，忘寝食。二十四岁，开家塾，教子弟。初著《存知篇》；翌年著《存性篇》；又续著《存学篇》；树立其学说之根本。后又著《存人》、《存治》篇。且躬耕讲学，一世皆仰其人格。康熙四十三年殁（纪元一七〇四），年七十岁。弟子有李塨最著。著作则有《颜氏遗书》，收在《畿辅丛书》中。此外又有合刻之《颜李遗书》。

二　实用主义

颜氏生长穷境，志气强固，行事彻底，诚有墨子当年气象。尝谓“立言，但论是非，不论异同。是则一二人之见，不可易也；非则虽千万人之所同，不随声也。岂惟千万人而已哉！虽千百年同迷之局，我辈亦当以先觉觉后觉，不可附和雷同也”。(《遗书·学问篇》) 颜氏见解，与顾黄二子相同，皆有鉴于明季心学之流于放纵，欲矫其弊害，以破斥空疏之学。但黄子虽戒“王学”末流之空疏，而未尝认“王学”为非；顾子虽斥“明学”为非，而未尝攻及宋学；颜氏则不然，彼于宋之理学，明之心学，一概排斥，以为此种学问，要为纸上之空论，无益于躬行实践。孔子教人学六艺，不是口头之学，是率弟子实地练习，然后各就所得而为体验之谈，此实得之体验，即孔子之教导也。故孔子之弟子，皆能应用其学，为当时社会有用人才。若如近世之性理学，毫无体验，仅口头学问，直是佛性论之剽窃，佛家所谓幻觉之性，实一种死学，究何所益。故学宜以实用为旨，而教科则宜以《周礼》乡三物为归，如是则死学庶可变为活学。

> 仆妄谓性命之理，不可讲也；虽讲，人亦不能听也；虽听，人亦不能醒也；虽醒，人亦不能行也。所可得而共讲之，共听之，共醒之，共行之者，性命之

作用，如《诗》、《书》六艺而已。即《诗》、《书》六艺，亦非徒列坐讲听，要惟一讲即教习，习至难处，来问，方再与讲，讲之功有限，习之功无已。孔子惟与弟子，今日习礼，明日习射，间有可与言性命，亦因其自悟已深，方与言。盖性命非可言传也，不特不讲而已也。(《遗书·存学篇》)

又谓程朱由理气说明性之善恶，要为根于释氏“六贼之说”而然。若孔孟之言性，则合于身而言之。盖有物斯有则，放形而言性，不自觉其陷于抽象的佛说也。彼云：

尧舜周孔之言性也，合身言之，故曰有物有则。尧舜性之，汤武身之，尧舜率性而出，身之所行，皆性也；汤武修身以复性，据性之形以治性也。孔门后惟孟子见及此，故曰“形色天性，惟圣人然后可以践形”。形，性之形也；性，形之性也；舍形则无性矣，舍性亦无形矣。(下略)(《遗书》卷一《存人篇》)

颜氏为实用主义之学者，此种批难，自是必然之结论。但彼之学说，缺于思辨，不足以破程朱之壁垒，此是其长处，亦是其短处也。《年谱》中载习斋曾习“程朱学”，及南游时，与诸学者交，见人人禅子，家家虚文，直与孔门敌对。于是懔然悟程朱之学为非，以为必破一分程朱，始可近一分孔孟；乃判定程朱与孔孟，截然两途。于是脱出心斋坐忘之非，而以实践事功为学。其对于宋明性理学之反动，恰与先秦墨子对于当时儒者，忘却孔子本旨，徒拘于繁文缛礼之末节，起而一洗其弊害者正同。二人虽相去数千年，确是绝好对照，故颜氏又确是一个革新的思想家。尝谓“人之岁月精神有限，诵说中度一日，便习行中错一日，纸墨上多一分，便身世上少一分”。（《存学篇》）又谓“静闲而久爱空谈之学，必至厌事；厌事必至废事，遇事即茫然。故误人才败天下者，宋学也”。（《年谱》下）此数语即彼之中心思想。盖彼以为学必兼实用，立足于实用主义上，论旨堂堂，毫不暖昧，极类墨子而更痛切。彼以为人之认读书为学者，固非孔子之学；以读书之学解书，并非孔子之书。

孔子是主张做事，主张为做事而读书，除却做事，即无所谓学问。故其教弟子，以《周礼》大司徒乡三物为中心：一曰六德，知、仁、圣、义、忠、和。二曰六行，孝、友、睦、姻、任、恤。三曰六艺，礼、乐、射、御、书、数。而尤重六艺，务使弟子熟习其一，以养成实务人才。彼二十二岁时，为贫而学医，学成后，率弟子躬耕以自活，此点又与墨子相同。而“生存一日，当为生民办事一日”之标语，又与现代“劳动神圣，不工作则不得生活”之社会主义之思想相同；此点亦似墨子。在此意味上，可知彼极端反对宋明思辩之学，而主张实践，是以活学代死学者也。

三　政策论

颜氏谓吾用力农事，不遑食寝，邪妄之念，亦自不起，若用十分心力，时时往天理上做，则人欲何自主哉！信乎力行近乎仁也。(《年谱》上)

颜氏重实利实行，且以劳动为神圣，故对于世之徒食懒惰者，极为厌恶。社会上贫富不均之问题，亦曾用力研究；故于社会政策，主张用周朝之制度“井田法”，及汉以后之“屯田制”。彼以为社会之病源，大多数生民之涂炭，要由于“富者兼并”而成。略述其《井田论》、《屯田论》如下：

颜氏当时，富之增殖，大部分是依于地力，经济上之问题，与土地问题，关系最切。然自周代井田法破坏以来，土地变成私有制，人口相伴而繁殖，富力日趋于垄断。此反比例之所及，土地遂次第为少数之贵族富豪所兼并，社会上可憎可悲之现象，殆无法挽救：要皆由于富之兼并，及井田制破坏之故。当二千余年之前，曾虑及土地之兼并，欲复活古代井田之制，孟子曾主张之。盖土地本是天与，所谓天惠之物，决非一人所得而私有。人之初生，本赤裸裸无一物；何以小部分之人，当终身温饱荣华，而大多数之人，转呻吟于困苦穷乏之中，至于老死，此果出于天意乎？君主，民之父母也；倘一子生而为富民，他数子生而为贫民，为父母者其能坐视，而不力图改偏救正乎！为君主者如此，则其治道，犹可说合于王道顺于人情乎！故土地之私有，自当禁止，齐私田而一租税，方是正道。

> 天地间田，宜天地间人共享之，若顺彼富民之心，即尽万人之产而给一人，所不厌也。王道之顺人情，固如是乎！况一人而数十百顷，或数十百人而不一顷，为父母者，使一子富而诸子贫可乎！……况今荒废之地，至十之二三，垦而井之，移流离无告之民，给牛种而耕焉，田自更余耳。（《遗书·存治篇》）

其次论及兵制，彼谓古时唐有“府兵”，明有“卫制”，然能维持其兵力，亦惟限于创业之初；过此以后，则将只知营私，流于偷惰；士卒等于鼠贼，临阵未遇敌，而先已鸟兽散矣。其弊皆因兵农分立，兵士与田里，毫不相关，而爱国之精神，遂全失矣。故当复行古之屯田制，寓兵于农。其方法则与井田制，有密切关系；每井中抽调壮丁，于农隙时，选适当之地点，分文武二科训练之；且使之明节义，养成有理解之兵士。其结果一可以富国节用，二可以得爱国死敌之兵。此见解，在经济上、国防上、兵制上，皆可为卓识。且其主张之政策，皆具体立言，与纸上空谈者，迥异其趣。其实用经国之才，确有可表见者也。

四 结论

颜氏之学，皆是切于实用，补救宋明以来学者之缺点，一洗社会之弊风，自是对症之药。而社会上经济上之政论，虽今日犹占极有价值之地步。惜当时不能见诸实行，及其弟子李塨一死，其学且至于中绝无闻，可惜也。

第二节　李　塨

一　略传及著书

李塨，字恕谷，别字刚主，直隶蠡县人。生清顺治十六年（纪元一六五九），卒雍正十一年（纪元一七三三），年七十五。塨以父命，师事习斋，尽传其学。康熙三十九年，举于乡。习斋足不出户，不轻交一人。塨则常往来京师，广交天下贤士，如万季野、阎百诗、胡朏明、方灵皋辈，均有往还。时季野负盛名，每开讲习，列坐皆满。一日，众方请季野讲“郊社之礼”。季野则推尊恕谷，请其讲真正圣学。王昆绳才气不可一世，自与塨为友，受其感动，以五十六岁老名士，亲拜习斋之门为弟

李塨像

子，遂为习斋学派下有力人物。故此派虽创自习斋，实得恕谷，然后完成者也。习斋律己待人，一律严峻；恕谷则谓交友须令可亲，方能收罗人才，广济天下。习斋取与不苟，主张非其力不食；恕谷则主通功易事。习斋排斥读书；恕谷则谓礼、乐、射、御、书、数等，有时非赖考证不明，故书本上学问，亦不可废。此皆对于其师补偏救弊之处，然学术大本所在，则未尝有出入。塨有友曰郭金汤，作桐乡知县；杨勤为陕西富平县令，均先后聘塨入幕。塨曰："学施于民物，在人犹在己也。"欣然前往，郭、杨用塨言，政教大行。但李光地，为直隶巡抚，招之不往；年羹尧开府西陲，两次来聘，皆以疾辞。习斋生平不著书，今传者惟《四书正误》、《习斋余记》并《存学》、《存性》、《存治》、《存人》四篇。恕谷亦尚躬行，不喜空文著述。晚年因问道者众，乃著《小学稽业》五卷，《大学辨业》四卷，《圣经学规纂》二卷，《论学》二卷，《周易传注》七卷，《诗经传注》八卷，《春秋传注》四卷，《论语传注》二卷，大学、中庸《传注》各一卷，《传注问》四卷，《经说》六卷，《学礼录》四卷，《学乐录》二卷，《拟太平策》一卷，《田赋考辨》、《宗庙考辨》、《禘祫考辨》各一卷，《阅史郄视》五卷，《恕谷文集》十三卷。其门人冯辰、刘调赞共纂《恕谷先生年谱》四卷。同治中，德清戴望，撮取颜李之说，为《颜李学记》。近东海徐氏，汇刻《颜李遗书》。又命其门客为颜、李《语要》各一卷，《颜李师承记》九卷。

二　学说

颜李之学，见识之高，胆量之大，古今殆未有其匹。自汉以来，二千年所有学术，均为彼所否认。彼反对读书是学问，尤反对注释古书是学问，乃至反对讲说是学问，反对明心见性是学问，如此自汉以来二千余年之学问，不几全部推翻耶！塨尝云：

> 读书久则喜静恶烦，而心则板滞迂腐；故予人以口实，曰"白面书生"，曰"书生无用"，曰"林间咳嗽病猕猴"，世人犹谓读书可以养身心，误哉！颜先生所谓读书人率皆如妇人女子，以识则户隙窥人，以

力则不能胜一匹雏也。

又云：

后世行与学离，学与政离。宋后二氏学兴，儒者浸淫其说，静坐内视，论性谈天，与孔子之言，一一乖反。至于扶危定倾，大经大法，则拱手张目，授其柄于武人俗士。当明季世，朝庙无一可倚之人，坐大司马堂，批点《左传》；敌兵临城，赋诗进讲；觉建功立名，俱是琐屑。日夜喘息著书，曰：此传世业也。卒至天下鱼烂河决，生民涂炭，呜呼！谁生厉阶哉！（《恕谷文集·与方灵皋书》）

第七章 | 和会儒释派

第一节　彭绍升

附汪缙、罗有高

一　略传及著书

当汉学风靡天下之际，学者均不肯道宋学，更不敢讲佛学。乃有彭绍升其人，竟由儒入释，不效宋儒之阳儒阴佛，直截了当，自成和会儒释一派，不可谓非豪杰之士也。绍升，字尺木，又字允初，法名际清，号知归子，长洲人。世为儒，父兄皆以文学官于朝。绍升年二十余，治先儒书，以明先王之道为己任，兼通晦庵、象山、阳明、梁溪之学说，治古文，出入韩李欧曾。以乾隆三十四年，成进士，选知县，不就而归。既而专心净土，尤推重莲池

彭绍升像

憨山，竭力宏扬佛教。年二十九，即断肉食。又五年，受菩萨戒，自此不近妇人。尝言志在西方，行在《梵纲》。晚岁，屏居僧舍者十余载，日有课程，虽病不辍。卒于嘉庆元年（纪元一七九六），年五十七。

著书有《一乘决疑论》，以通儒释之阂；著《华念佛三昧论》，以释禅净之诤；又著《净土三经新论》。此外有《居士传》、《善女人传》、《净土圣贤录》，皆为世传诵。绍升之文集，专阐扬内典者，为《一行居集》；讲论外典者，为《二林居集》。

二　学行

绍升尝曰："吾于观艮二卦，见圣人之心法焉。《诗》曰：穆穆文王，於缉熙敬止。缉熙者，观也；敬止者，艮也。乾知大始，其观之所从出乎！坤作成物，其艮之所自成乎！是故观艮者，乾坤之门户也。《论语》体之为学识，《中庸》标之为明诚，千圣复生，无以易此矣。"（《二林居集·读易》）是明明以天台之止观通《易》也。又曰："知至云者，外观其物，物无其物，是谓物格。内观其意，意无其意，是谓意诚。进观其心，心无其心，是谓心正。由是以身还身，以家还家，以国还国，以天下还天下，不役其心，不动于意，不淆于物，是谓身修家齐国治天下平。”（《二林居集·读古本〈大学〉》）此则以华严之理事无碍通《大学》也。绍升不但究心教理，而且笃修净土，名其居曰二林；一梁溪之东林，为高攀龙讲学之所；一庐山之东林，为释慧远结白莲社之处，莲社实我国净土开宗，故绍升托意于是，明其世间法则有取于梁溪，出世法则有取庐山也。夫自宋明以来，儒者讲学，殆无不参用佛说，而表面则又辟佛，且其所窃取者，大率禅宗，禅宗末流，大率口头参究而缺少行持，明季莲池大师（袾宏）住持云栖，欲挽其弊风，极力提倡净土之教，以实行矫正之，于是云栖之远绍庐山，一时称盛。绍升既不蹈宋明儒者之旧辙，且由儒归禅，由禅归净，提倡实行，更不蹈禅宗之旧辙；其特立独行之概，有足多者。然戴东原则极不以为然，谓其诬孔孟，亦兼诬程朱。（《东原集·答彭进士允初书》）考证家之眼光，当然如是。

汪缙，字大绅，号爱庐，休宁人。居吴，终于诸生。

汪缙像

罗有高名台山，号尊闻居士，江西瑞金人，乾隆三十年举人。绍升叙《汪子文录》云“予年二十余，始有志于学，其端实自汪子大绅发之”；又谓：“予之于汪子之言也，一以为创获，一以为固然，其不合者希矣。持以示人，人莫测其所谓，独罗子台山，见而识之曰：是无师智之所流也。汪子既乐与余言，及见台山而大乐，遂乐与台山言，又乐与余言台山，其言台山也，不独赞叹而已，诋诃笑谑，无不有也。其于予也亦然，时或与台山言予，诋诃笑谑，无弗有也。”（《二林居集》）是知三人为学之途径，大率相同，其交谊之深，又可想见。惟大绅卒于乾隆五十七年（纪元一七九二），年六十八。台山卒于乾隆四十四年（纪元一七七九），年四十六。皆在绍升之前。

大绅曾以《易》理，融贯净土曰：“众生本来成佛，必以净土为归者，何也？则以阿弥陀佛，为万佛之师，《易》所谓大哉乾元；净土为阿弥陀佛所摄，《易》所谓至哉坤元也；乾坤合撰，万物之所以资始资生也。身土交融，众生之所以去凡入圣也。”（《汪子文录·读净土三经私记叙》）

有高有云："物之争也以我，其忘争也以无我，我也者，器之景，昧性而妄有执者也。"（《尊闻居士集》）此则有取于释氏身器之说，而其《无量寿经起信论叙》，则亦极赞净土功德。

要之此三人者，志同道合，其始皆有用世之心，后皆由儒入佛，且皆笃修净土，表里如一，其学行远过于宋明儒者之矫饰，故能自成一派，开后世居士之风，于思想上有重大影响。

第八章 | 公羊学派

第一节 公羊学派之渊源

清末时，勃兴一大思潮，与西洋民主思想携手，以鼓吹共和革命之精神，遂为“辛亥革命”之大动力者，厥惟“公羊学派”。此派之思想，与现今所谓“社会哲学”相类。求之于古，则墨法二家，颇多相通之处。

此学派发生之动机，最初是因于考证学之途穷，无发展之余地。学界才智之士，欲打破多年之因袭，另辟一新境地；其结果，遂发见西汉之“今文学”，再转而包容内外之民主思想，应用于实际，遂为社会革命之工具；民国共和之成功，此派之先驱鼓吹，极有关系。然革命成功之后，此学派已无人问及，盖斯学初不过一时利用之工具，宜其有此现象也。

自顾炎武、惠士奇诸人，鉴于明学之空疏，提倡考证学以来，六朝唐学之复古，渐成风尚。其中有阎若璩著《古文尚书疏证》，明断“《古文尚书》”为王肃伪作。学者遂并疑肃以下六朝之注疏，而信马融、郑玄之学，力求复于东汉。士奇之子栋，即是“东汉古文学”之中坚。乾隆嘉庆以来，“东汉注疏学”，达于全盛时期。研究愈进步，又发现新事实，觉此古文学，乃是刘歆媚事王莽，立为官学，而自任校纂之职者，当然不能认为足信之经典，而真正之经典，不能不求于西汉之“今文”，于是“今文学派”遂勃兴。但是西汉十四博士之今文经传，在西汉末年，已为当时流行之古文经传所压倒。今文学衰灭之原因，未必如现代公羊学派所说，全由于东汉伪古文之出现。盖西汉今文学者，率皆秦代旧儒，其思想多方士化，有神秘迷信的倾向，谓为得经传之正统，自不可能。而古文学派之大师，如服虔、马融、郑玄等，皆是一代名儒；其中如郑玄，尤为淹博；董仲舒、何休之主观的理想主义之今文派，决非其敌手。况后来晋代之杜预、王肃等，又皆承古文学之绪，西汉之经传，至此遂归堙灭。及唐孔颖达作《十三经注疏》，又悉遵东汉之古文学；一蹶不振之今文学派，仅何休注之《公羊传》，尚流行于世，保其一缕之命脉。何注虽有徐彦之为之疏，然徐疏对于何义，别无发明。何之本色，全然保存。故清代公羊学派，专力何休之注，遂于何之暗示及预言之处，感一种趣味；加以润色，欲更创一新生命，此即“公羊学派”之起源，何休之注，为此派惟一之根据。

《春秋》一书，经孔子生平之精力，笔削而成。其经传之流于后世者，有《左氏》、《公羊》、《穀梁》三种：汉初盛行《公羊》学，宣元之间，兼立《穀梁》学官，《左传》至西汉末始出世，东汉时方大行于世。《公羊传》自孔门子夏之学统，而传于公羊高，其所以盛行于西汉者，因其笔法有大一统寓尊王之意；且其“西狩获麟”之解释中，有“制春秋之义以俟后圣”之言；汉初公羊派学者，谓此圣人即指汉高祖，因而张皇其说，其书遂大行于世。《左氏传》所以流行于东汉，说者谓因此书昭公二十九年之纪事中，有帝尧之子孙刘累为御龙氏一节记事，刘氏是帝尧之后裔，由此得以证明之故。但此说未必确实，盖刘累之记事，在西汉时已有人奏闻，当时并未弃《公羊》而用《左传》，而谓东汉反因此而有变更，其说自不能成立也。以事实言，殆是学派争持之结果，优胜劣败自然之淘汰。盖西汉末古今文之争，初不仅限于《公羊》与《左氏》，其他五经全体皆如是，东汉初古文学全盛，《左氏传》之压倒《公羊传》，自是意中事也。自此以后，《公羊传》束之高阁，仅有唐朝之啖助，宋朝之孙明复，曾为之解释。(《春秋尊王发微》十二卷，孙明复著，收在《通志堂经解》中。)至清朝则因考证学兴，自惠栋一派之汉学者，经戴段二王尽力发展之后，东汉之注疏学，吸收尽净；故方向一转，武进之庄存与，遂注目及于公羊学；同县有刘逢禄，又加以发挥。彼等之主张，大致亦以为东汉古文学，是郑玄之一家言；西汉之今文学，则确有师承，源出上古，欲得先王之真精神，必于此着眼方可。且从来之考证学，惟以名物训诂为主，而于古书之大义，常忽视之；可见彼等之学，全属部分的研究，而非全体之思想。故求学之精神，当改变其方向，必以探索古书之微言大义为的，此《公羊传》之所以可贵也。此派说“公羊学”是经义主张之学，“考证学”是经义疏通之学。

于此中有当注意之问题，即“公羊学派”之主张，与《公羊传》并不相同。《公羊传》是孔门子夏之弟子公羊高所作之春秋传，其传注是东汉何休之解释，庄刘诸人，对于此传之研究，所谓公羊学派也。在理后者当附承前者，但事实上所谓“微言大义”，两无关系。详言之：《公羊传注》中，有许多奇怪之处，而《公羊传》则惟说孔子之尊王大义而止。例如隐公“元年春，王正月”，《传》文曰：“王者孰谓？谓文王也；曷为先言王而后言正月？王正月也；曷言乎王正月？大一统也。”明言奉周王正朔，以示尊王大义。然何休解此传文，则谓文王是新受天命而为王，《春秋》是新受命而作王法之书，文王是假名，其实是指鲁王，如此附会，与传义殆无关涉。庄刘等又踵其说，而力求新解；存与著《春秋正辞》十三卷，逢禄著《公羊何氏释例》十卷，所谓“张三世”、“通三统”、“绌周王鲁”、“受命改制”诸义，更次第衍出。此种解释，固然在西汉董仲舒之《春秋繁露》中，已发其端；董是有名之神秘家，其说继承何休，及庄刘等之解《公羊》，亦是何休之说，与《公羊传》本身，均无关系。晚近又有龚自珍其人，与“公羊学派”以绝大影响。自珍是段玉裁之外孙，初在段处治训诂学；其才性不羁，不修细行，有诗人之风，喜今文，时引其义，以讥讽时政，排斥专制政治。且文辞瑰丽，一时初学者，大受其冲动。（有《文集》十卷，《诗词》四卷）又有魏源，学公羊于刘逢禄，亦张其说，与龚齐名。“今文学”遂由此渐达于隆盛。

是时学者，知郑玄、马融、许慎等之“古文学”，不足以尽“汉学”；同时辑佚之学亦盛行，搜集古经说之片言只字，不遗余力，又以今文派家法，扩大其范围，研究及于他经，古今之文分野，至此遂益明显。如冯登府之《三家诗异文疏证》二卷，陈寿祺之《尚书大传注》，陈乔枞之《今文尚书经说考》三十六卷，《尚书欧阳夏侯遗说考》一卷，《三家诗遗说考》五十卷，《齐诗翼氏学疏证》二卷，陆续出世；既攻究今文之遗说，复论其家法之异同。魏源著《诗古微》十七卷认“毛传”及“大小序”，皆为晚出之伪作；又著《书古微》十二卷赞同阎若璩之说，认《古文尚书》，为东晋晚出之伪作；更断言东汉马融、郑玄等之古文说，亦非孔安国所传之旧本。辞既博辨，对于古文学之攻击，为力甚大。同时邵懿辰亦著《礼经通论》一卷，谓"《仪礼》十七篇"，本是足本，"《古文逸礼》三十九篇"，乃刘歆之伪作。又在魏源以前，刘逢禄曾著《左氏春秋考证》二卷，谓《左氏春秋》与《晏子春秋》、《吕氏春秋》等，同一性质，所谓记事之书，并非解经之书。于是《诗》、《书》、《左氏传》、《逸礼》等，凡西汉末刘歆所力争而立学官之"古文经传"，至此皆变成可疑之书。

以上，是今文家竭其研究之精力，所得之成绩，其中可取之点，固然不少。至王闿运、廖平时，其势更张，及康有为其学遂至于大成。

第二节　公羊学派之内容

据何休注公羊之例，《春秋》中有“五始”、（元者，气之始；春者，四时之始；王者，受命之始；正月者，政教之始；公即位者，一国之始）“三科”、“九旨”、“七等”、（州、国、氏、人、名、字、子）“六辅”、（公辅天子、卿辅公、大夫辅卿、士辅大夫、京师辅君、诸夏辅京师）“二类”（人事、灾异）等条例。孔子之理想，即示在此等条例中。公羊家则尤重“三科”、“九旨”，奉为金科玉律。此二条孔广森在其所著《公羊通义》之叙文中，亦解释之。但与何休之说，则全不同。现在专论何说，则其所谓“三科”、“九旨”者如下：

新周故宋（殷微子所封之国）以春秋当新王（鲁）是一科三旨也。（通三统之意思）所见异辞，所闻异辞，所传闻异辞，是二科六旨也。内其国而外诸夏，内诸夏而外夷狄，是三科九旨也。

何说如是，其中实只三科八旨，想何氏遗漏内外（夷夏）合一一科，兹就“公羊学”中诸要点，简单说明之如次：

（一）通三统。此思想是继承前汉董仲舒之《春秋繁露》而来，谓新王受天命，行其革命时，一面改正朔，易服色，变礼乐，以一新天下之耳目。同时封前二王之子孙，存其王号，合新王为三王。如是则谓之“通三统”。此三王再以前二代之王并合之，则称五帝。更溯而上，则称九皇。但三统之义，要专指新，旧，旧旧，三代而言；其意惟优待与新王相接近之前二代；愈溯及古，则待遇当愈薄。（《春秋繁露》中《三代改制质文篇》，崔适《春秋复始》九卷参考。）

（二）张三世。即所谓所见异辞，所闻异辞，所传闻异辞三者；其记事出于“隐公元年”、“桓公二年”、“哀公十四年”等传中。何休解释此传曰：

所见者，谓昭、定、哀、己与父时事也；所闻者，谓文、宣、成、襄、王父时事也；所传闻者，谓隐、桓、庄、闵、僖、高祖曾祖时事也。异辞者，见恩有厚薄，义有深浅，时恩衰义缺，将以理人伦序人类，因制治乱之法。故于所见之世，恩己与父之臣尤深，大夫卒，有罪无罪，皆日录之，丙申，季孙隐如卒，是也。于所闻之世，王父之臣，恩少杀，大夫卒，无罪者日录，有罪者不日，略之，叔孙得臣卒，是也。于所传闻之世，高祖曾祖之臣，恩浅，大夫卒，有罪无罪，皆不日，略之也，公子益师（无罪而不日）无骇卒（有罪而不日），是也。于所传闻之世，见治起于衰乱之中，用心尚粗粗，故内其国而外诸夏，先详内而后治外，录大略小，内小恶书，外小恶不书，大国有大夫，小国略称人，内离会书，外离会不书，是也。于所闻之世，见治升平，内诸夏而外夷狄，书外离会，小国有大夫，宣十一年秋，晋侯会狄于攒函；襄二十三年夏，邾娄、鼻我来奔，是也。至所见之世，著治大平，夷狄进至于爵，天下远近小大若一，用心尤深而详，故崇仁义，讥二名，晋魏曼多、仲孙、何忌，是也。

意谓《公羊传》对于《春秋》十二公，二百四十二年间之事之书法，全以孔子见、闻、传闻之三时代为标准，虽同一事件，而书辞各异。至于"异辞"之理由，则因君臣之恩义，依孔子之见、闻、传闻三时代之关系，有厚薄深浅之分，故记录有详有略，异辞之意义如是。

何休此种解释，得当与否？姑且不论。但"公羊学派"以此"三世异辞"之说，一转而看作社会进步之过程，诚属创见，其根本思想，亦在此点。"公羊学家"以为孔子"传闻之世"（孔子之高祖曾祖时代），是"据乱之世"；所闻之世（祖父时代），是"升平之世"；"所见之世"，是"太平之世"，而所以为"太平"之故，则是因孔子出世而然。此外更加入"不异内外"之说，以发挥大同之精神。是盖根据于何休之说，以为在据乱之世，内其国而外诸夏；升平之世，内诸夏而外夷狄；太平之世，则夷狄进于爵，夷夏合一，天下行一统之治，万民享平等之乐，此为孔子之社会观，理想观。孔子一生，以此太平大同之精神为始终，且本此以从事于教化。盖孔子之社会进步之法式，是由近而远，由亲而疏，远近亲疏之过程，即其社会观所由形成者也。

原来《公羊传》中，“春秋内其国而外诸夏，内诸夏而外夷狄”之言，其意不过是说春秋之书法，有此二种，与“公羊学派”之“三世说”，初无关系，要之此说类似汉世谶纬家言，不免牵强附会。例如传闻之世，虽确是“据乱之世”，然有齐桓晋文之翼戴周室，较胜于所闻所见之世。所闻之世，决不是升平，乱臣贼子，且多于前。所见之世，更不能说是“太平”，一内外统夷夏之事实，在昭、定、哀时，决不能发见，苟一读《春秋》，即知此言之无据也。

（三）绌周王鲁。见上第一节“公羊学派之渊源”内。

（四）西狩获麟。《公羊传》说：“麟，仁兽也；有王者则至，无王者则不至，有以告者，曰；有麇而角者。孔子曰：孰为来哉！孰为来哉！反袂拭面，涕沾袍。”在公羊高之意，孔子此言，是叹周室衰微之意，向来治经者，亦皆如此解释。但公羊学家，则谓“世无王者而麟出现，是希望王者出现之意”。何休且谓“孔子预知汉之代秦，又知有六国之乱，及秦楚驱除之祸，民之罹害者久而泣也”。其专为汉朝立说，及囿于当时预言之思想，殆可不烦言而解。

（五）受命改制。此是说孔子虽不得在王者之位而行政事，但以素王自任。《传》中“隐公元年春王正月”之王，即指文德之王（孔子）而言。“西狩获麟”之记事，则指孔子预知后世汉朝之当兴，于是预为之制法。《论语·为政篇》中子张与孔子之问答，及《卫灵公》篇中颜渊问为邦二条，公羊家引以为证，谓为微言大旨。然此解释之牵强附会，亦自不待说。子张问十世可知也？孔子曰：“殷因于夏礼，所损益，可知也；周因于殷礼，所损益，可知也；其或继周者，虽百世可知也。”孔子此言，是说易姓革命之事不可免，但小处可以损益，伦理纲常之大旨，则初不可动；固无革命及改革制度之意。“公羊学派”则始终取孔子之言，从抽象方面，认作孔子之微言大旨，以为孔子是素王，是预言者，是共和革新主义之人。又说孔子不仅于《春秋》说改制，即《论语》、《礼记》之记事中。亦改过周礼依殷礼。可见孔子不仅创理论的改制说，即实行之精神，亦如是也。

（六）春秋大九世之仇。此思想在清末革命，揭兴汉排满之大旆，有绝大影响。其来由则出于庄公四年，齐襄公吞灭纪国一条。此条在经文中：书“纪侯大去其国”，于齐未说灭，于纪未说奔。于是《左传》解之为“纪为齐附庸，而奉其社稷，故不曰灭；不见迫逐，故不曰奔；大去，不返之辞也”。《公羊传》则解之曰：“纪侯大去其国，大去者灭也；孰灭之，齐灭之？曷为不言齐灭之？为襄公讳也；《春秋》为贤者讳。”至于襄公何以得称贤？则因其九世祖哀公，曾被纪侯之先祖进谗言，见杀于周。襄公此次灭纪，因为复九世之仇之故。故孔子于《春秋》不书灭，寓赞美襄公之意。谓此种复仇，正是春秋之大义，于是兴汉排满，恰好借题发挥，揭为标帜，士气大为鼓舞，结果遂使清朝退位，革命成功。此思想与其所主张“孔子大同主义”之精神，当根本不相容。今民国要以五族四万万同胞组织之，此思想当然不能适用而消灭矣。

以上是“公羊学派”之大略。大概是推衍孔子“仁”之精神，将自来无人注意之汉族民主大同之说，尽量发挥之。然在学理上，理论与材料，未能十分精炼；主观的独断，与谶纬的强辨极多。若加以科学的精密分析，则其说立见破绽。然此派主张之结果，孔子之真精神，提出不少。数千年来，孔子完全为专制君主所利用，“孔学”变成帝王万世之法，现在则面目一新，表现出孔子之全体，并显出孔子确为世界的伟人，当是此派之大功。

第三节　康有为

一　略传及著书

公羊学渐次发展，经王闿运、廖平至于康有为时，其思想次第实际化。有为想取孔子大同主义之精神，精密而实证之，于《公羊传》外，更摭拾《礼记》、《孟子》、《论语》中之文，以求充实。谓孔子是怀抱太平大同理想之世界伟人，其在世时，未能实行其改革，因彼是素王手无实权之故。否则必早已断行社会革命，可无疑义。继孔子之正统，具述民主共和之精神者，无过于孟子。孟子书中，以民贼、独夫、授田分产诸义，发挥大同之精神；至于荀子，则严君臣上下之分，要为小儒之魁。然孟子民主的言

康有为像

论，或有感于当时君主之自利主义而发；康氏一派，则利用之以为变法自强社会革命之理想，欲借此出于直接行动。其弟子陈千秋、梁启超等，则又取最足表现孟子之精神者，如黄宗羲之《明夷待访录》秘密翻印，鼓动天下。后与唐才常等，举义旗于武汉，虽遭失败，实为后来革命之导火线。

公羊学派诸子之目的，既利用此学为鼓吹社会革命之手段，故其学理，不甚充分，且多偏于主观。如欲求永远之价值，则斯学尚宜加以整理方可。

康有为，字广夏，号长素，广东南海人，清文宗咸丰八年（纪元一八五八）生，民国十六年殁（纪元一九二七）。初生时，清室已渐陵夷，绵延十五年之太平天国战争，虽幸得归平定，而生灵之涂炭，财产之损失，则已不可胜数。此战事平定时，有为方七岁，欧洲列强之压迫，日渐紧急；既生于此时代，加以广东南海地方，早与外人接触，人民又富于进取心，康氏在此环境中，自有特殊之表见。

康氏早注目及于西欧之文明。当时欧洲宣教师，所译政治法律方面之书，既有玩读之机会，因此为棹进世界潮流之第一人。又抱非凡之文才，及明快畅达之笔，披沥此种新思想，能使毫无遗憾，天下人心，宜乎大为所鼓舞。

且论列时事，极其痛快。光绪十五年（纪元一八八九），年三十一，以诸生伏阙上书，耸动天下。其时清廷顽固保守，以其改革案，为书生之呓语。康氏于是悄然归故里，开万木草堂学塾，以熏陶学生为事。弟子中如陈千秋、梁启超等，皆有才干，文章见识咸卓出，于是渐为世人所注目。不久中日战事又发生，一败涂地，举国失色，而有为之先见，乃成事实。于是二次上书，有名之“变法自强策”，即是此次所作。（前后六次上书，称为公车上书，但此第二次之上书，最为重大。）

因康氏之上书，光绪帝及左右之进步派，始认其变法自强策为重要。光绪二十四年，又值德人占领胶州湾，瓜分之势且成。于是帝召见之，询以天下大计及变法策。康氏感帝之知遇，慷慨以天下自任。惜其谋为袁世凯所泄，入于西太后之耳，保守派复从而挤之，于是全归失败。帝被幽于瀛台，康氏仅以身免，逃至日本。彼之政治的生命，从此终了，而经国之精神，反因此传播，全国有志之士，皆认革新之必要。康氏虽抱太平大同之理想，而于现代，则认为小康之世，尚不可倡大同；苟早倡之，上下必至于纷乱，不可收拾。彼之见解如此，故于"张三世"之解释，与其他"公羊学派"，亦稍有不同。其言曰："凡世有进化，仁有轨道，世之仁有大小，即轨道大小，未至其时，不可强为，孔子非不欲在据乱之世，遽行平等大同戒杀之义，而实不能强也。可行者，乃谓之道，故立此三等，以待世之进化焉。一世之中，又有三世；据乱之中有太平，太平之中有据乱；如仅识族制亲亲，据乱之据乱也；内其国，则据乱之太平矣；中国夷狄如一，太平之据乱也；众生若一，太平之太平也。一世之中有三世，故可推为九世，又可推为八十一世，以至无穷。"（《孟子微》卷一）康氏盖以社会进化之过程，由三世而九世，由九世而八十一世，以进展至于无穷。于其间不容时间之飞跃，躐等之改革。此点与急进派梁谭诸子，大异其趣。然其主张，如梁氏评为"性格奇矫立言矛盾"所致，则亦不尽然。彼之意，要为现代是小康之世，虚器不妨与清朝，止求能行民本的立宪政治可矣。

所著书有《新学伪经考》十四卷、《孟子微》二卷、《春秋笔削大义微言考》十六卷、《孔子改制考》二十一卷。其他未刊书中尚有《春秋公羊传注》、《大同书》、《孟子大义述》等。

二　社会进化论

闻康氏初学于朱九江，好读《周礼》。后见廖平之著作，始着手研究公羊之大同学。廖平，四川井研人，为王闿运之弟子，其关于今文学方面之著述甚富，有《四益馆经学丛书》行于世。

《新学伪经考》、《春秋笔削大义微言考》、《孟子微》等，是表见康氏学说基础之书，又是彼整理旧学之作。而《大同书》，则为彼之创说，是代表康氏建设方面之作，所以阐明其理想者也。

康氏叙其《伪经考》之表题曰：

> 夫古学所以得名者，以诸经之出于孔壁，写以古

文也。夫孔壁既虚，古文亦赝伪而已矣，何古之云？后汉之时，学分古今，既托于孔壁，自以古为尊，此刘歆所以售其欺伪者也。今罪人斯得，旧案肃清，必也正名，无使乱实。歆既饰经佐篡，身为新臣，则经为新学，名义之正，复何辞焉。（《伪经考》卷一）

康氏以如此抱负，乃作"《秦汉六经未尝亡缺考》"以下十四篇，以堂堂正正之词，证明西汉末刘歆力争而立博士官之《周礼》、《逸礼》、《左传》及《诗毛传》为伪书，每篇附以案语，加以批判。撮其要点：则谓"秦之焚书，未及六经，汉十四博士之所传，皆孔门足本，曾无残缺。西汉之经学，初无古文；其文字，均是秦汉通用之篆书，故经初无今古文之别。但古文学，则以蝌蚪字书之，其伪自足证明。刘歆为弥缝自己作伪之迹，于校理秘书时，曾羼乱一切古书，欲以湮没孔子微言大义之旨，所以绝不足取"。并用该博之考证，以树立其说。（此说未免过于穿凿，刘歆当时，或是得一种善本，因欲取信于人，故托名为古学，此是汉人常用之法）然不拘泥于向来考证家注意一言一句及文章之末节，务扩其眼界，以取得儒教之真精神。故其立说，已超越于考证之外形问题，求得内容的根本所在，此功亦不可殁也。

著此书时，其高弟陈千秋、梁启超等，曾涉躐过考证学之人，亦参预之。诸子于书中引例，颇想取一切暧昧之史实，删削之，然康氏主观极强，不采用诸子之意见而博引谶纬家之言，遂犯考证学之大忌，价值因之减损。（梁氏有此说）

继《伪经考》而出版者，是《孔子改制考》。此书证明孔子以素王之身，行改制之事实。关于此点，在六经中独尊《易经》与《春秋》，谓孔子之微言大旨，全在此二书。前者是灵界之书，后者是人界之书，所谓至广大而尽精微，极高明而道中庸者。《春秋》尤为孔子所立之宪法案，孔子盖自立一宗，依其理想，进退古人，取舍古籍，决非如后人所想像，仅为编述之作。例如尧舜之盛德大业，是孔子理想上之人格；若真有尧舜其人，其人格决不如经典所载之完全，要为孔子之理想化；如老子之托于黄帝，墨子之托于大禹，许行之托于神农，皆各人拟一理想人物，托诸古人，以立其学说者也。盖孔子亦沿古来之风习，托尧舜为名以行其改制之实者。《上古茫昧无稽考》、《周末诸子并创教考》、《诸子创教改制考》等二十篇中，尽力证明此说。谓孔子为改革者、改制者之一流人，较一般公羊学者，专从抽象方面寻线索者，根据大为确实。又称孔子改制之精神，是“上掩百世下掩百世”社会进步之铁案。且演绎“张三世”说，以为人类进步之过程，愈改革则愈进化。既证明此原则，因取夏、殷、周三代不同之制度，细加考证，而结论其所以不同之理由，要因于时代而然。又说时代进化之过程，虽是循环的；但立于时世之某过程上，为进化动机所迫促，无论如何，不能免于改革；据以上之学理，彼之政治社会之改革案，遂完全确立。其结果尊孔子为“素王”，为“教主”，且欲以其大同之精神，统一国民精神，以期社会革新之实现。彼以孔子为宗教上之教主，杂引谶纬之言，以实证其说；孔子至此，遂成为神秘化矣。

以上是康氏学说之基础方面，由此基础创出之社会观，则为《大同书》。

《大同书》是康氏从学于朱次琦，毕业之后，独居西樵山两年，专研《公羊》，冥心思索，依其旨义，而创造之新学说。即以《春秋》“三世说”嵌入《礼记·礼运篇》之“天道说”中，引伸其义而成。以《公羊》说之“升平世”配《礼运篇》之“小康”,《公羊》说之“太平世”，配《礼运篇》之“大同”，至于《礼运篇》之大道大同说如下：

> 大道之行也，天下为公，选贤与能，讲信修睦。故人不独亲其亲，不独子其子，使老有所终，壮有所用，幼有所长，矜寡孤独废疾者，皆有所养，男有分，女有归。货恶其弃于地也，不必藏于己；力恶其不出于身也，不必为己。是故谋闭而不兴，盗窃乱贼而不作，故外户而不闭，是谓大同。今大道既隐，天下为家；各亲其亲，各子其子；货力为己；大人世及以为礼。城郭沟池以为固，礼义以为纪：以正君臣，以笃父子，以睦兄弟，以和夫妇；以设制度，以立田里；以贤勇知，以功为己。故谋用是作，而兵由此

起。禹汤文武成王周公，由此其选也；此六君子者，未有不谨于礼者也；以著其义，以考其信，著有过，刑（同型）仁讲让，示民有常。如有不由此者，在执（同势）者去，众以为殃。是谓小康。（《礼记》卷九）

读此记事，可以知太古之世，别无所谓私有财产，因而无彼我区别，所以为“大同之世”。至禹汤文武成王周公六君子时，始设彼我之差别，立财产私有之制，而制之以礼。故仁让，义信，非常重要，不由此道，虽帝王亦应去位，以免众人之殃；此时代则称为“小康之世”。至于孔子之理想，则在“大同太平之世”。如现代所谓民治主义，儿童公育，老病保险诸问题，以及劳动神圣，共产主义，无政府主义等之萌芽，皆含藏于其中。而康氏则更引《公羊》之“三世说”，以作解释。以为正君臣父子之别，严夫妇长幼之序，是孔子之小乘方面；而大同之世，则其大乘方面；其精神，其理想，其教义，全在于此。

于是发挥孔子大同之精神，而定社会改造之方法手段，其纲目如次：

一　无国家，全世界分若干区域，而置一总政府。

二　总政府及区政府，皆由民选。

三　无家族，男女同栖，不得逾一年，届期须易人。

四　妇女妊娠时，入胎教院，产儿入育婴院。

五　按儿童之年龄，入蒙养院，以及各级学校。

六　成年后，依政府之指派，分任农工等生产事业。

七　有病则入养病院，老则入养老院。

八　各区胎教、育婴、蒙养、养病、养老诸院，设备皆期于最完全，使入其中者，皆享最高之娱乐。

九　成年男女，须若干年间，服役于此诸院，恰如现在世界各国之壮丁，皆当服兵役一样。

十　设公共宿舍，公共食堂，其中又设等级，使各按劳作所入，自由享用。

十一　以最严之刑罚，惊戒懒惰。

十二　有学术上之新发明，或在上五院中有特别劳绩之人，得受殊赏。

十三　死则火葬，火葬场之附近，则设肥料工

厂。（据梁启超著《清代学术概论》）

《大同书》之梗概如是，全书数十万言，于人生苦乐之根源，善恶之标准，说得至为详密。梁氏又说，此书最大关键，是废灭国家制度，家族制度，及撤废私有财产，而以相互扶助，一视同仁为精神，所以说“佛法出家，求脱苦也，然不如无家之可出”。又曰：“私有财产，争乱之源也；无家族，谁复乐于私产？而国家则又必随家族而消灭者也。”康氏之主张与理想如是，内容虽与现代共产主义所言，不甚相殊。然三十余年前，中国尚未发生此种思想；康氏此书，为融合儒道墨三家之汉代学者之著作，其创造力真可谓丰富者已。

三 结论

康氏极端扩张孔子之仁道，其结果使孔子之社会观，变成世界的。自来小儒之偏见，被其订证之处甚多。但是阐明孔子之理想时，资料取舍上，有“虽罹愆误亦所不辞”之嫌。彼取之于传文，取之于后人杂纂之《礼记》，又取汉代思想特产之谶纬学，其舛驳之处，难免人之评议。例如《礼记》之《礼运篇》之大同说，明是汉代学者所为，综合老儒墨三家思想而成。孔子之思想，全表现于《论语》之中，常梦周公而不忘，叹美其政事。乃康氏不之取，反以孔子为去礼仪，舍人为，爱平等，说太平道之人。谓其是创说，自是另一问题；否则史实昭然，其说不甚可信。据吾人所见，《礼运篇》大同之精神，当是依据老子“无为之治”及墨子“兼爱”之说而成者，从墨子书中引一条以为例，当可以明白。

> 昔文王之治西土，若日若月，乍光于四方；于西土，不为大国侮小国，不为众庶侮鳏寡，不为暴势夺穑人黍稷狗彘。天屑临文王慈，是以老而无子者，有所得终其寿；连（同鳏）独无兄弟者，有所杂于生人之间；少失其父母者，有所放依而长。（《兼爱中》篇）

墨子借文王之事迹，述其兼爱思想如是；则《礼运》一篇，是同一系统之思想。以此为孔子之本来面目。康氏之强辨，在所不免。要之康氏富于独创，其立言则流于独断与附会，是其缺点也。

第四节　谭嗣同

一　略传及著书

与康梁诸子，同唱变法改制之说，勇往迈进，耸动天下，且以身殉其主义者，厥维谭浏阳。其生如流星，其死甚壮烈，天下志士为所鼓舞，革命之大业，被其播种。

谭嗣同，字复生，号壮飞，湖南浏阳人。生于清穆宗同治四年（纪元一八六五）。父继洵，湖北巡抚，母徐夫人。复生十二岁，即丧母，为父妾所苦，幼时备尝艰辛；然已倜傥有大志，遍涉群籍，以穷其理；又擅文才；且好任侠，喜剑术。弱冠从军新疆，参巡抚刘锦棠幕府，

谭嗣同像

刘大奇其才。其后十年间，往来于直隶、甘肃、新疆、陕西、河南、湖南、江苏、安徽、浙江、台湾诸地，遍交名士，见闻益广。光绪二十一年，三十一岁，访康南海于北平，以南海归广东，不遇，因见梁启超，得闻南海讲学宗旨，及经世之条理，大为倾倒。翌年依父命，就候补知府职，利其闲暇，学佛学于金陵居士杨文会，更大受佛教之影响。已而应湖南巡抚陈宝箴之招，至长沙。时正创办时务学堂，以梁氏主讲席，彼参与其间，与同志黄遵宪、熊希龄、唐才常等，设“南学会”。讲习之余，论究新政，且远及世界各国大势，三湘士风，为之一变。洞庭湖畔，涌起一种澎湃之爱国精神，如李柄寰、林圭、范源廉、蔡锷等，皆时务学堂高才生也。光绪二十四年，帝有革新以定国是之意，召之，遂参新政。然其谋不成，袁世凯外和内叛，帝囚瀛台，南海逃于日本，复生慷慨决心，以为改革必流血，流血者请自我始，遂从容就义，临刑神色自若。著有《仁学》二卷、《文集》三卷、《诗集》一卷、《争议》二卷，收在《全集》中。《仁学》则为其根本思想所在。

二　学说

从《年谱》及其他记事推察之,《仁学》当是彼三十三岁至三十四岁，在长沙时所著。《仁学》之内容，则在卷首《仁学界说》二十七则内说明之。仁是心之体，其本质至善，寂然不动，感而遂通天下之故。仁即是良心，其所本为天理天道，所以生灭，俱为平等。

彼以此仁心为根据，一切社会人类政治道德宗教诸问题，概包含于仁学之下。而于孔子之大同精神，佛耶之慈悲博爱，孟子之君民对立，庄子之绝对自由，乃至法兰西之大革命精神，胥认为仁心之体现；而与此精神相背者，即为异端为邪说。

其论政治，则谓“君统盛，唐虞之后，无可观之政；孔教亡，三代之下，无可读之书”。(《仁学》下）而于黄宗羲之《明夷待访录》，及王船山之《遗书》，则以为近于孔子之意。因为黄之思想，渊源于陆王，王之思想，渊源于周张；而陆王周张，皆出于孟子之学系也。至于程朱及顾炎武之流，乃出荀子之学系，惟知以君权为重之俗儒，鄙不足道。论及君主问题，则曰：

生民之初，本无所谓君臣，则皆民也；民不能相治，亦不暇治，于是共举一人为君。夫曰共举之，则非君择民，而民择君也；夫曰共举之，则其分际，又非甚远于民，而不下侪于民也；夫曰共举之，则因有民而后有君，君末也，民本也；天下无有因末而累及本者，亦岂可因君而累及民哉！夫曰共举之，则且必可共废之；君也者，为民办事者也；臣也者，助办民事者也。(《仁学》下)

谭氏用民主思想，取古来君民关系颠倒之原因，说得非常详细，认君权之扩张，全由于历史的因袭，及曲学小儒，阿附君主之结果。历代之君主，俱是绞民之膏血，竭天下之财物，淫杀天下之美女之独夫；而所谓忠臣者，则为助此种桀纣为虐之鼠辈。然世人犹引为尊贵，用作名教之南针，其愚诚不可及。其中更涉及满洲朝廷，谓其地为秽土，其人为羶种，其俗为胡风；除以武力蹂躏中原之文化外，实毫无何等能力之蛮民。而我华人，对于此种蛮族君主，犹跪拜叩头，尽天下之产，以供其用，而著成其淫杀昏暴，果为何事？如此否定君臣之关系，更以民主共和之政治，为天意天命之所存。政治之原理与精神，要当立脚于万人相互平等之上，以图其共荣共存。此是彼之社会观，亦即其学说之根本。

其次以人类平等爱之精神，批判五伦之内容。谓义、亲、别、序之四伦，乃违反乎平等爱之精神；此四种道德之发生，是强者长者，为一己之自利上所捏造之伦道，用以压迫弱者幼者。故欲立真合天意之纯粹道德，当离于自利而出于无私的动机方可。盖利害关系，是相对的，徒恃君、父、长、贵以压迫臣、子、幼、贱以遂其非之道德，此不足云道德。故孔子亦谓“君君，臣臣，父父，子子”，正是说相对主义之伦道。佛耶两圣，其成道之第一步工夫，首在取此自利的四伦破弃之。三圣所共尊之伦道，止有朋友之一伦；此一伦是万人共通不可不行之大道。（《仁学》下）

此是彼道德论之根本，从彼之人心为仁，人性为善之思想所发生。

如此又一转而及于人种国际之问题，则云：欧西白人，仅赖科学一日之长，对于异种，始终逞其鸱枭之欲，虐使其民，以为当然。此不过囿于个人的差别观上之利己心，不知人类平等爱之真理之所致。故本于吾人纯真之思想，不可不力辟外人之物质的利己的迷心，而并采东西文化之长，致万国于平等之太平。此伟大之思想，即《仁学》之根本精神也。

三　结论

谭氏之本领，本在政治，思索方面，是其余力所及，此实时势有以造成之，而其天才，则确是富有思想之人也。彼初好物理学、数学等，继则受种种思想之影响，而尚未达纯熟之域，故立论不免驳杂。但在彼之时代，以彼之年龄，即能直观东西人种之长短，且图东西思想之融合，其慧眼及直觉力之强，真可惊叹。倘能卒其天年，其发展当未可限量。

第五节　梁启超

一　略传及著书

梁启超字卓如，号任公，广东新会人，生于清穆宗同治十二年（纪元一八七三），父名宝瑛，布衣教授终身。启超四五岁时，母氏即授以《四子书》及《诗经》。六岁，父教之，即毕《五经》。九岁，能作文，援笔千言立就。十二岁，补县学生，而父教督极严，一言一动，不少假借，常斥之曰："汝自视乃如常儿乎！"启超终身诵之。后入广州学海堂，治戴、段、二王之学。十七岁，乡试中式。主考李瑞芬，诧为奇才，以其女弟妻之。翌年康有为以布衣上书，不纳。归里，开万木草堂。启超因陈千秋往

梁启超像

谒之，一见大服，遂执弟子礼，从学三年。光绪二十年，甲午，中日战起，我国海陆军皆败。时启超客北平，与当时知名之士，提倡变法自强。既而康有为在北平创强学会，启超任会中书记。会事中辍，乃赴上海，主撰《时务报》，著《变法通议》，刊布报端，持论锋锐畅达，唤起国人之注意。丁酉，至湖南，主《时务学堂》讲席，以《民权论》教诸生，多所成就，武则蔡锷，文则范源廉，其尤著也。戊戌，侍郎徐致靖，疏荐启超才可大用。德宗召见之，命办大学堂译书局事务。时德宗锐志维新，信用康有为，启超与谭嗣同、杨深秀、康广仁、林旭、杨锐、刘光第等，均以京卿，参预政务。下令变法，天下耳目一新。在朝顽旧大臣，反对极烈，密奏于西太后，遂兴大狱，谭嗣同等六人，皆被杀，所谓戊戌六君子也。康有为得英人保护，获免。启超乘大岛兵舰，遁日本。自是居东凡十四年，仍办杂志，宣扬变法革新之主张，先后揭载于《清议》、《新民国风》、《新小说》诸报，及《新大陆游记》，国内人士，皆靡然向风焉。迨民国成立三年，熊希龄组阁，启超任司法总长，旋改币制局总裁。迨袁氏谋称帝，启超著《异哉所谓国体问题者》一文，正拟发布，袁氏知之，使人以十万金为其父寿，乞取消是文；启超拒之；因与蔡锷密筹倒袁之策。锷潜返云南，举讨袁义旗。启超则至两粤，辅佐陆荣廷，宣告独立。袁氏遂饮恨以死。此所谓护国之役也。六年，段祺瑞组阁，启超任财政总长。时欧战方殷，启超主张加入协约国，对德奥宣战，改进我国国际地位。欧战告终，启超出游欧洲，所至以中国历来受强邻压迫情状，诉诸世界舆论，著《欧游心影录》记其事。九年，归国。遂不复与闻国政，专以著述讲学为事；任清华学校研究院导师，有终焉之志。曾患便血症，历久而剧，犹扶病著书不辍。十九年（纪元一九三〇），一月，病殁于北平协和医院。年五十有六。所著书，中年类多报章言论，故前后不免矛盾；启超亦自言今日之我，与昨日之我挑战，盖言论随时势为转移，不足怪也。此等文字辑录为《饮冰室文集》。晚年所著，乃纯粹为研究学术之书，有《墨子学案》、《墨经校释》、《清代学术概论》、《先秦政治思想史》、《历史研究法》、《广历史研究法》、《中国近三百年学术史》、《汉书艺文志诸子略考释》、《古书真伪及其年代》、《朱舜水年谱》、《辛稼轩年谱》、《桃花扇传奇考证》等。

二　人生观

梁氏身经患难，逋逃海外，然生平常抱乐观，绝对不作消极态度。迨卧病将死，犹强起侧坐，草成《辛稼轩年谱》。此其人生观之透切，实梁氏一生大受用处，亦其学问事功之出发点也。梁氏尝云：

> 我见我国若全世界过去之圣哲，皆有其不死者存；我见我国若全世界过去之豪杰，皆有其不死者存；我见我国若全世界过去亿兆京垓无量数不可思议之人类，无论智愚贤不肖，皆有其不死者存。……无论为宗教家，为哲理家，为实行教育家，其持论无论若何差异，而其究竟，必有相同之点，曰："人死而有不死者存"是已。此不死之物，或名之为灵魂，或不名之为灵魂，或语其一局部，或语其全体，实则所指同而所名不同，或所证同而所修不同，此辩争之所

由起也。吾今欲假名此物，不举其局义，而举其遍义，故不名曰灵魂，而名曰精神；精神之界说明，然后死学可得而讲也。(《饮冰室文集》卷四十四《余之生死观》)

由上数语观之，梁氏之人生观，已可得其梗概。彼盖深信人生虽幻，而人死而有不死之精神存在，故一生奋斗，至死不倦，皆以此思想为基础。此不死之精神状态，究如何？梁氏又云：

佛说以为一切众生，自无始来，有“真如”、“无明”之二种性，在于识藏。而此无明，相熏相习，其业力总体，演为器世间，是即世界也。其个体演为有情世间，即人类及其他六道众生也。以今义释之，则全世界者，全世界人类心理所造成；一社会者，一社会人之心理所造成；个人者，又个人之心理所造成也。佛说一切万象，悉皆无常，刹那生灭，去而不留；独于其中有一物焉，因果连续，一能生他，他复生一，前波后波，相续不断，而此一物，名日羯磨。（译名，其义为作业。）……于是乎有因果之律，谓凡造一业，必食其报，无所逃避。人之肉身，所含原质，一死之后，还归四大，固无论已；就其生前，亦既刻刻变易，如川逝水，今日之我，已非故吾，方见为新，交臂已故。……故夫一生数十年间，至幻无常，无可留恋，无可宝贵，其事甚明。而我现在所有行为，此行为者，语其现象，虽复乍起即灭，若无所留，而其性格，常住不灭，因果相续，为我一身及我同类将来生活一切基础。……是故今日我辈一举一动，一言一语，一感一想，而其影象，直刻入此羯磨总体之中，永不消灭。将来我身及我同类，受其影响而食其报。（同上）

又云：我之躯壳，共知必死，且岁月日时，刹那刹那，夫既已死，而我乃从而宝贵之，罄吾心力以为彼谋，愚之愚也。譬之罄吾财产之总额，以庄严轮奂一宿之逆旅，愚之愚也。我所庄严者，当在吾本家；逆旅者何？躯壳是已；本家者何？精神是已。……夫使在精神与躯壳可以两全之时也，则无取夫戕之，固也；而所以养之者，其轻重大小，既当严辨焉。若夫不能两全之时，则宁死其可死者，而毋死其不可死者。死其不可死者，名曰心死。君子曰哀莫大于心死。（同上）

是知梁氏所谓精神不死，实深有得于佛家之教，故能出入生死，而处之泰然。然梁氏虽沉浸于佛说，而于佛教出世之意味，则不受丝毫影响，而纯然为入世主义之学者也。至其所以能取佛氏出世之说，而构成入世的人生观，根本上固然是承受儒家之实用主义，然亦受西洋学说之影响而然。兹引其评德儒《菲斯的人生天职论》（《饮冰室文集》卷五十二）之语如下：

吾身曷为而生于天地间耶？吾俛焉孳孳，蚤作夜思，以度此数十寒暑，果何所求而何所得耶？此大疑问者，吾侪盖久已习焉忘之；虽然，此安可忘者。……此一疑问，实千万年来人类公共未能解决之最大疑问也。……菲斯的之《人生天职论》，即思所以解决此问题；其解决之必为正当与否，吾不敢言，吾信其可以供吾侪之受用而已。……孔子曰："古之学者为己"，自来解释此语者，言人人殊，而菲斯的之说，实能发明之。菲氏谓：吾侪欲自知其天职之所在。则有一义焉，首当确信者，曰：我曷为生？我为我而生；我曷得存？我为我而存；我曷为勤动？我为我而勤动；故人类一切责任，更无所谓对世责任，所有者，唯对我责任而已。所谓我者，有理性之我，有感觉之我，理性为人类所独有，感觉则与其他生物同之，故得名为真我者，唯此理性而已。……故自理性一面言之，其本质诚圆融无碍；就感觉一面言之，则缘受外界种种影响，恒复杂矛盾而不相容；而人类既以有理性为其特征，是宜勿以感觉之我，减理性之我。……以我之良知，别择事理；以我之良能，决定行为。……若是谓之自由意志，谓之独立精神，一切道德律，皆导源于是。我对于我之责任，任此而已。

梁氏评论之云："菲氏所说，与中外诸古哲之教，若无甚异同；而其最鞭辟近里之点，则一曰尊我，二曰体物。盖诸哲言道德之本原，多谓有超乎人类以外者，以为之宰，或称天命，或明自然。……而菲氏之意，则谓即我即天，惟我宜宰制自然，而自然不能宰制我，此其鞭辟人类自重自觉之精神，至有力也。诸哲言修养者，恒以捍物欲为入手之条件；菲氏虽亦不废斯义，然其意以为物欲之利害参平，与其言捍制，毋宁言利用，毋宁言调和；故其为道，既不流于纵，亦不失于觳，此其特征也。前哲言修养者，多以主静立极为根本义，我国宋元以后儒者，益畅斯旨；盖以静为吾性之本体，而动乃其病态，《乐记》所谓人生而静，天之性也；感于物而动，性之欲也。菲氏之说，则谓性乃生物而非死物，故以生生蓄动，为其本来，与《大易》行健不息，《中庸》至诚无息之义相契；故其所标道德律，绝对持进取主义，而不陷于退撄主义，此又其特征也。"梁氏对于菲氏学说，可谓推崇之至。综梁氏一生，无时不持进取主义；实与菲氏之说，处处吻合。可见梁氏之人生观，乃合儒佛之长，而兼承受西方学说者也。

三　社会观

梁氏受严复所译《群学肄言》等书之影响，曾作《说群》一文，登载《时务报》。于个人不能离开人群而独立之理，发挥透彻；迩时颇能唤起国人对于社会之认识。梁氏一生服务社会之热诚，亦确能言之而能实践之。尝云：

> 生命分为两界，一曰物质界，二曰非物质界；物质界属于么匿体，个人自私之；非物质界属于拓都体，人人公有之。而拓都体复有大小焉；大拓都通于无量数大千世界，小拓都则家家而有之，族族而有之，国国而有之，社会社会而有之。拓都不死，故吾人之生命，其隶属于最大拓都者皆不死，即隶属于次大又次大乃至最小之拓都者皆不死。……故死者吾辈之个体也；不死者吾辈之群体也。(《余之生死观》，《饮冰室文集》卷四十四)

梁氏认定吾人个体有死，而群体终不死；我身之在我群，为组成群体之分子；犹之血轮等，为组成我身之分子；血轮必且随时变迁，新陈代谢，以个体之死，期有利于我身；故我身对于我群，亦应生生灭灭，以个体之死，期有利于我群，此人类进化之原则也。此其社会观，颇觉真切；惟其如此，吾人对于社会，自有其天则存焉。故又尝引菲斯的之说云：

> 凡人必与其同类，营共同生活，此正所以自完其本性之作用，实我对于我之一种义务也。……吾人理性之圆满，实现为人类最高之理想，但使人人能向此理想以进行，则理想之成为事实也，自日近。……理想之本质，固万人同一者也；然其程度，则千差万别，人人各以自己所怀之理想之程度，以律他人；见他人程度不如我者，恒欲诱而进之，使与我同化；则不知不觉之间，社会自日迁于善，吾侪对于社会之天职，莫此为大矣。

四　政治观

梁氏生平所发之议论，关于政治方面者，殆居十之五六，彼之政见，自始即与革命党立于反对地位。革命党主种族革命，彼则主张政治革命；革命党主共和政体，彼则因人民程度太低，主必先经过开明专制，再进乎君主立宪。当梁氏遁迹日本，办理《新民丛报》时，革命党亦办《民报》，双方论锋交战，亘半载而不息，以致国内向日之信仰梁氏者，亦疑梁氏带有保皇党臭味，故反对种族革命，反对共和政体，渐次失其信仰；甚或加以唾骂。然梁氏深知国民程度不及，本其研究之学理，始终持论不移。迨辛亥革命告或，彼犹主张虚君共和之制以调剂之。而袁氏称帝时，梁氏之议论，则以为君主之招牌，既已投之粪秽，决不可重行竖起，乃积极反对之，可知梁氏之政论，在学理方面，实有见到之处，不能谓为绝无价值也。其所著《开明专制论》有云：

中国今日，固号称专制君主国也；于此而欲易以共和立宪制，则必先以革命，然革命决非能得共和而反以得专制。……故持革命论者，如其假共和立宪之美名，以为护符，毋宁简易直捷以号于众曰：吾欲为刘邦，吾欲为朱元璋，则吾犹壮其志，服其胆，而喜其主义之可以一贯也。而必曰共和焉，共和焉，苟非欺人，必其未尝学问者也。

梁氏更引德人波仑哈克之说，以为证明。

波氏曰：共和国者，于人民之上，别无独立之国权者也；故调和各种利害之责任，不得不还求之于人民自己之中。必无使甲之利害，能强压乙之利害，常克互相平等，而自保其权衡；若此者惟富于自治性质，常肯裁抑党见以伸公益之国民，始能行之。若夫数百年卵翼于专制政体之人民，既乏自治之习惯，又不识团体之公益；惟知持各人主义，以各营其私；其在此等之国，破此权衡也最易；既破之后，而欲人民以自力调和平复之，必不可得之数也。其极也，社会险象叠出，民无宁岁，终不得不举其政治上之自由，更委诸一人之手，而自帖耳复为其奴隶，此则民主专制政体之所由生也。(《饮冰室文集》卷二十九)

梁氏此论，原文极长，兹不过举其一节。在今日视之，似其论已极陈旧，不适于时代潮流，然其文中所指国民程度未及格，勉强采用共和制之流弊，民国二十年来，一一见诸事实，若烛照数计，不可谓非先见之明也。即今日之所谓军政训政时期，与开明专制，究有何区别？人民之一切自由，又在何处？吾侪非政论家，固不欲多所论列，梁氏所指为民主专制，抑何其适合也！

五　结论

梁氏之学，虽早年受康有为之影响，而能融合中外，不偏执一见。康氏则一生提倡孔教，尽忠清室。梁氏则否，虽初亦鼓吹孔教，后见其不合潮流，则不复涉及。戊戌年间，虽与康氏同受清室知遇，而到日本以后，即鼓吹政治革命。其后更与康氏异趋。及护国之役，反对袁氏称帝之文电中，竟有“大言不惭之书生”之语，即暗指康氏而言。世人或讥其背师，然大节所关，梁氏亦不得不尔。晚年则不谈政治，专致力于学术上之供献，有足多者。惜彼自信可活八十岁，竟不永其年，否则学术上之成绩，决不止此，惜哉！

第二编 | 吸收外来思想之时期

第一章 | 严 复

第一节 略传及著书

严复，字又陵，一字幾道，福建闽侯人。生于清咸丰三年（一八五三）。七岁，始就外傅。同治五年（一八六六），沈宝桢为福建船政大臣，招考子弟，入马江学堂习海军。严复录取第一名。翌年，遂入堂肄业，时年仅十五岁也。十九岁（一八七一）卒业，考列最优等，派为上海建威帆船练习生。后服务于扬武军舰，巡历黄海及日本各口岸。曾至台湾，调查生番与日本渔船启衅情形。二十三岁（一八七五），派赴英国肄业，入格林尼次海军大学。二十七岁，卒业归国。任船政学堂教员。光绪六年（一八八〇），李鸿章经营北洋海军，调严复至天津，为水师学堂总教习。是时科举积习甚深，凡由学堂出身者，多为士大夫所鄙弃。复亦自以不得科举为遗憾，竭力攻求八股文，屡赴福建及顺天乡试，然皆不售。

光绪甲午（一八九四），中日之战，我国海陆军皆败。复深有鉴于我国之贫弱，其根本在于学术，乃专力从事于译述。先译成赫胥黎（T Huxley）之《天演论》（*Evolution and Ethics*）。我国人从未闻此等学说，是书之出，学者耳目一新。复又撰《原强》、《救亡决论》、《辟韩》诸文，载于天津之《直报》。厥后更译成亚丹·斯密（Adam Smith）之《原富》(*An Enquiry into the Nature and Causes of the Wealth of Nations*）及斯宾塞（Herbert Spencer）之《群学肄言》(*Study of Sociology*）。又在光绪二十三年（一八九七），与同志创办《国闻报》于天津。戊戌（一八九八）年，亦被荐入见。德宗问有新著述否？复以拟《上皇帝万言书》对；未及进而政变作，遂出都反津。《国闻报》亦停刊。更肆力译述，成穆勒·约翰 (John Stuart Mill）之《群己权界论》(*On Liberty*)。

光绪二十六年，庚子（一九〇〇），义和拳乱作。复仓皇避难，由津至沪，开始译《穆勒名学》(*J. S. Mill A System of Logic*)。二十八年（一九〇二）京师大学堂开办，张伯熙为管学大臣，聘为编译局总纂。曾草一文，近五千言，具论中国教育方针，并条拟新教育行政办法。而甄克思之《社会通诠》(E. Jenks, *History of Politics*)，亦于是时译成。光绪三十年，辞编译局事赴沪。厥后译成孟德斯鸠《法意》(Montesquieu, *Espirites Lois* ）及耶芳思《名学浅说》(W. S. Jevons: *Logic*)。光绪三十四年（一九〇八），新设学部，应聘为审定名词馆总纂。在部三年，直至辛亥革命而止。

民国元年（一九一二），袁世凯为总统，聘为北京大学校长，未久，即辞职。自后年老多病。至民国九年（一九二〇），赴福建避冬，气喘时作。十年（一九二一），九月，殁于闽垣，年六十九岁。其生平除译书外，尝有手批之《老子》及《庄子》，《老子》已印行，《庄子》则未卒业也。

第二节　介绍之学说

严氏介绍西哲学说，于我国有重大之影响者，首推《天演论》。此论为十九世纪英国哲学家赫胥黎所作，《赫氏全集》有十二巨册，其第九册名《进化与伦理》，其中之《序论》、《本论》，即严氏所译之《天演论》也。此论译出以后，于是物竞天择优胜劣败等思想，深中于全国学人之脑海，至今犹为人人之口头禅，可见其影响之大矣。兹约举其说如下：

天运变矣，而有不变者行乎其中；不变惟何？是名天演。以天演为体，而其用有二：曰物竞；曰天择；此万物莫不然，而于有生之类为尤著。物竞者，物争自存也；以一物与物物争，或存或亡，而其效归于天择。天择者，物争焉而独存，则其存也必有其所以存；必有其所得于天之分，自致一己之能，与其所遭值之时与地，及凡周身以外之物力，有其相谋相剂者焉；夫而后独免于亡，而足以自立也。而自其效观之，若是物特为天之所厚，而择焉以存也者，夫是之谓天择。(《天演论上·导言一》)

物竞天择之学说，创于英人达尔文。斯宾塞、赫胥黎等，亦主此说，而略有不同。斯宾塞主张任天为治，赫胥黎则主张以人力胜天。其言云：

今者欲治道之有功，非与天争胜焉，固不可也；法天行者非也，而避天行者亦非。夫曰与天争胜云者，非谓逆天拂性，而为不祥不顺者也；道在尽物之性，而知所以转害而为功。夫自不知者言之，则以藐尔之人，乃欲与造物争胜，欲取两间之所有，驯扰驾御之，以为吾利，其不自量力而可闵叹，孰逾此者？然溯太古以迄今兹，人治进程，皆以此所胜之多寡为殿最。百年来欧洲所以富强称最者，其故非他，其所胜天行而控制万物前民用者，方之五洲，与夫前古各国，最多故耳。以已事测将来，吾胜天为治之说，殆无以易也。(《天演论下·进化》)

其次为斯宾塞之《群学肄言》；严氏译出后，我国始知有所谓社会学，其影响亦至重大。斯宾塞亦英国人，与达尔文同时。其所著书，名《综合哲学》，共有十卷：一，《第一原理》；二，《生物学原理》；三，《心理学原理》；四，《社会学原理》；五，《伦理学原理》；其第四种，即严氏所译之《群学肄言》也。严氏生平，最佩服斯宾塞，称其书："精辟闳富，为欧洲自有生民以来，无此作也。"可见推崇之极。《群学肄言》自序中有云："其书……饬戒学者，以诚意正心之不易；既已深切著明，而于操柄者一建白措注之间，辄为之穷事变，极末流，使功名之徒，失步变色，俛焉知格物致知之不容已。乃窃念近者吾国以世变之殷，凡吾民前者所造之因，皆将于此食其报；而浅谫剽疾之士，不悟其从来如是之大且久也，辄攘臂疾走，谓以旦暮之更张，而以与胜我抗也；不能得，又搪撞号呼，欲率一世之人，与盲进以为破坏之事。顾破坏宜矣，而所建设者，又未必其果有合也；则何如稍审重而先咨于学之为愈乎！”严氏盖有鉴于我国少年新进之士，恃其一知半解，卤莽灭裂，妄思破坏，以为可立致国家于富强；故为斯言，实深中时弊。彼欲以学术救国之心，毕现于是书矣。

斯宾塞是生物学家，故以社会为有机体，与生物类似，乃生长而成，非人力所能旦夕造成。社会问题，如政治之得失，风俗之厚薄，其前因后果之复杂，极难推究，稍一不慎，则因果颠倒，违于真理，据此以处置事物，鲜有不败者。盖社会学，初非如理化学之因果历然，可由实验而得也。然世俗之人，往往不察，大睨高谈，对于一切问题，轻下判断。殊不知意见有所偏，感情有所蔽，以及国界种界之桎梏，自身早已陷入于网罗之中，而未尝自觉，此至可叹也。严氏译此书，以《学诐》、《国拘》、《政惑》、《教僻》为各篇标题，以明社会学之知识，而劝人去私戒偏，以求正当之路；不特反覆阐发斯氏之说，而于国人自私自利之习惯，亦痛下一针砭。

其次严氏所注意者为“名学”。“名学”在我国周末时代，发达极早；如荀子之《正名篇》、墨子之《经》上下、《经说》上下、《大取》、《小取》诸篇，以及惠施、公孙龙之坚白同异论，皆与《名学》有相似之处。自汉以后，此学久已不传。于是学者治学方法，不能条分缕析，为有系统之撰述。自科举盛行，国人更以头脑笼统，为世诟病久矣。严氏之意，以为革新中国学术，莫要于输入“名学”，可谓卓识。其翻译穆勒·约翰之《名学》，异常审慎。穆勒·约翰，英国人，为经验主义之哲学家。于论理学（名学）、经济学、伦理学，皆称大家。其论理承培根之思想，以经验为认识之源；归纳推理之学，至此大成。严氏竭毕生之精力，只译成半部。其《名学浅说》自序有云：“不佞于庚子辛丑壬寅间，曾译《名学》半部，经金粟斋刻于金陵，思欲赓续其后半，乃人事卒卒，又老来精神苶短，惮用脑力，而穆勒书深博广大，非澄思渺虑，无以将事，所以尚未逮也。戊申孟秋，浪迹津沽，有女学生旌德吕氏，谆求授以此学。因取耶芳思之浅说，排日译示讲解，经两月而成书”；可见严氏介绍此学之苦心矣。穆勒著书中，尚有《自由论》一种，亦经严氏翻译，特避去自由之名词，而题为《群己权界论》。盖严氏最初亦附于革新派；自戊戌政变，经过挫折，又见激进少年之专事破坏；故其思想，乃偏于保守，即自由之名词，亦不欲援用之也。

此外严氏又译亚丹·斯密之《原富》，以介绍经济学；译孟德斯鸠《法意》，以介绍法律哲学；盖皆我国所需要之学说也。

严氏又以达尔文、斯宾塞、孟德斯鸠之学说，与老子多相通处，因批点老子而广其说，此则通东西学说之邮者也。

第三节　结　论

自明末至清代，我国与西洋交通；最初输入者，为天文、历算之学；及鸦片战争失败以后，震于西洋之船坚炮利，深信西洋之艺术，越过我国；曾国藩创江南制造局于上海，聘请中外学者，广事翻译，大概皆物理、化学及军事、制造枪炮之书。当时国人一般思想，皆以为政治、伦理、财政等学问，我国早已完备，远过西洋，只取其艺术之长，补我之短，即足以富强；所以“中学为体，西学为用”之说，人人能道之，几于举国皆然。自严氏所译之书公世，方打破此迷梦，始知西洋尚有此等惊人之学术也。严氏译书时，所有术语，亦皆自造，往往为一名词，沉思至累日，方得之，可见其难；因此彼所译之名词，有含义过深，不合于现在之用者。又严氏所译之书，多高深哲理，往往喜用我国古奥文辞，且有时将西方学说，牵附于我国之古义，致失原文本意者，亦不少。在当时一般学者，颇极欢迎，后来能读西文原书者日多，则颇讥斥严氏，故至今严氏之书，已不甚流行。严氏自谓翻译须信、雅、达三者兼备；以今观严氏所译，则雅字诚当之无愧，达字，信字，则稍有遗憾，此不能为严氏讳，然其荜路蓝缕之功，不可没也。

第二章 | 王国维

第一节 略传及著书

王国维，字静安，晚号观堂，浙江海宁人。生于清德宗三年（一八七七）。四岁丧母。七岁始就外傅。十余岁时，每晚自塾归，辄发家中藏书，独自泛览。十六岁补博士弟子。始读“四史”，兼攻骈散文。十八岁，值中日战争后，始知世有新学。后罗振玉创农学社于上海，附设东方学社，聘日本人藤田丰八，教授日文。国维时年二十二岁，往就学焉。并襄理社中庶务，得免学费，而致力于学。二十三岁，始从学社教师日人田冈佐代，治读英文。二十四岁，毕业于东方学社。仍努力治英文。二十五岁，留学日本，入东京物理学校，拟专修理科；既而苦几

王国维像

何学之难治，又病脚气；逾年即归。为罗振玉编译《农学报》及《教育世界》杂志，撰述益富。自此始治哲学，能读社会学、心理学、论理学、哲学等西文原书，参以日文译本，遂得贯通。偶有心得，撰述为文，发表于《教育世界》杂志。三十岁以后，厌倦哲学，而转治文学。三十五岁后，转而治古器物学。晚年，以治殷墟书契文，名重中外。后就清华学校研究院之聘。五十一岁时，以世变日亟，自投于颐和园之昆明池而死。（民国十六年，纪元一九二七。）海内外学者，知与不知，皆为痛悼。其遗著凡四集。署曰《海宁王忠悫公遗书》。

第二节　性　说

王氏之论性，以哲学的眼光，批评古来性善性恶之矛盾，颇为彻底；乃可使几千年来之聚讼，为之一息。其言云：

今孟子之言曰：人之性善；荀子之言曰：人之性恶；二者皆互相反对之说也。然皆持之而有故，言之而成理。然则吾人之于人性，固有不可知者在欤？孔子之所以罕言性与命者，固非无故欤？且于人性论中，不但得容反对之说而已，于一人之说中，亦不得不自相矛盾。孟子曰：人之性善，在求其放心而已；

然使之放心者谁欤？荀子曰：人之性恶，其善者伪也；然所以能伪者何故欤？……今论人性者之反对矛盾如此，则性之为物，固不能不视为超乎吾人之知识外也。(《静庵文集·论性》)

王氏之意，以为吾人对于事物，果能确实知之，则如“二加二为四”；二点之间，只可引一直线，决不能容两相反对之议论，得以成立；故数学、物理学之所以为确实之知识者以此。若夫性则不然，反对矛盾之说，均得成立。且聚讼至数千年不决；故断定性为超出吾人知识以外，此自来论性者所未见及也。又云：

今夫吾人之所可得而知者，一先天的知识；一后天的知识也。先天的知识，如空间时间之形式，及悟性之范畴，此不待经验而生；后天的知识，乃经验上之所以教我者，凡一切可经验之物，皆是也。二者之知识，皆有确实性；但前者有普遍性，及必然性，后者则不然；然其确实，则无以异也。今试问性之为物，果得从先天中或后天中知之乎？先天中所能知者，知识之形式，而不及于知识之材质，而性固一知识之材质也。若谓于后天中知之，则所知者又非性，何则？吾人经验上所知之性，其受遗传与外部之影响者不少，则其非性之本来面目，固已久矣。故断言之曰：性之为物，超乎吾人之知识外也。（同上）

王氏是以知识论为立脚点，而断言性之为物，超乎吾人知识之外，固非如古来之论性者，全凭自己之主观，发为空泛之议论可比。既已超出吾人知识之外，则古来立论者，反对矛盾，自是必然的结果。故又云：

人性之超乎吾人之知识外，既如斯矣。于是欲论人性者，非驰于空想之域，势不得不从经验上推论之。经验上之所谓性，固非性之本然，苟执经验上之性以为性，则必先有善恶二元论起焉。何则？善恶之对立，吾人经验上之事实也；反对之事实，而非相对之事实也。……惟其为反对之事实，故善恶二者，不能由其一以说明之；故从经验上立论，不得盘旋于善恶二元论之胯下。然吾人之知识，必求其说明之统一，而决不以善恶二元论为满足也。于是性善论性恶论及超绝的一元论（即性无善无不善说），接武而起。夫立于经验之上以言性，虽所论者非真性，然尚不至于矛盾也。至超乎经验以外，而求其说明之统一，则虽反对之说，吾人得持其一，不至自相矛盾不止。何则？超乎经验以外，吾人固有言论之自由；然至欲说明经验上之事实时，则又不得不自圆其说，而复反于二元论。故古今言性之自相矛盾，必然之理也。（同上）

王氏此说，可为揭破古来论性之病根。故治学者，不必再为此无谓之争执，人性论至此，乃可告一结束矣。故云：

善恶之相对立，吾人经验上之事实也。自生民以来，至于今，世界之事变，孰非此善恶二性之争斗乎！政治与道德，宗教与哲学，孰非由此而起乎！故世界之宗教，无不著二神之色彩；有爱而祀之者，有畏而祀之者，即善神与恶神是已。至文明国之宗教，于上帝之外，其不预想恶魔者殆稀也。……夫所谓上帝者，非吾人之善性之写象乎！所谓魔鬼者，非吾人恶性之小影乎！……夫岂独宗教而已，历史之所记述，诗人之所悲歌，又孰非此善恶二性之争斗乎！……吾人经验上，善恶二性对立如此。故由经验以推论人性者，虽不知与性果有当与否，尚不与经验相矛盾，故得而持其说也。超绝的一元论，亦务与经验上之事实相调和，故亦不见有显著之矛盾。至执性善性恶一元论者，当其就性言性时，以性为吾人不可经验之一物故，故皆得而持其说；然欲以之说明经验，或应用于修身之事业，则矛盾随之而起。故余表而出之，使后之学者，勿徒为此无益之议论也。（**同上**）

第三节　理　说

王氏之解释理字，亦能揭破中外哲学家之理窟，而独标真谛。彼以为吾人对种种之事物，而发见其公共之处，遂抽象之而为一概念，又从而命之以名；用之既久，遂视此概念，为一特别之事物，而忘其所从出；如理字之概念，即其一例。吾国语中理字之意义之变化，与西洋理字之意义之变化，若出一辙。略述之如下：

《说文解字》第一篇："理，治玉也。从玉，里声。"段玉裁注："郑人谓玉之未理者为璞，是理为剖析也。"由此类推：凡种种分析作用，皆得谓之理；

《中庸》所谓文理密察，即指此作用也。由此而分析作用之对象，即物之可分析而粲然有系统者，亦皆谓之理。《逸论语》曰："孔子曰：美哉璠玙！远而望之，奂若也；近而视之，瑟若也；一则理胜，一则孚胜。"此从理之本义之动词，变而为名词者也。更推之而言他物，则曰地理（《易·系辞》），曰朕理（《韩非子》），曰色理，曰蚕理，曰箴理（《荀子》），就一切物而言之曰条理（《孟子》），然则理者，不过谓吾心分析之作用，及物之可分析者而已矣。（《静庵文集·释理》）其在西洋各国语中，理字之义，自动词变为名词，与我国大致相同。英语之理字，含有推理之能力，同时又用为言语之义；德语之表理性字，含有听言语而知其所传之思想之意；是可知西洋各国语，皆以思索之能力，及言语之能力，即他动物之所无，而为人类所独有者，谓之理性。而从吾人理性思索之径路，则下一判断，必不可无其理由。于是各国语于理性之外，又有理由之意义。吾国之理字，兼有理性与理由之二义。（同上《释理》）

王氏说明理字最初之意义，不过理性、理由二者，皆属主观的性质；及沿用既久，乃由主观的而变为客观的；如宋儒以理之渊源，存于万物；遂予理字以特别之意义。朱子谓“天地之间，有理有气；理也者，形而上之道也，生物之本也；气也者，形而下之器也，生物之具也；是以人物之生，必禀此理，然后有性；必禀此气，然后有形”。又曰：“天以阴阳五行，化生万物，气以成形，而理亦附焉。”于是对周子之太极，而予以内容曰：“太极不过一理字。”万物之理，皆自此客观的大理而出；故物物各有此理，而物物各异其用，莫非理之流行也。故朱子之所谓理，正与希腊斯多噶派之所谓理相同；皆预想一客观的理，存于生天生地生人以前，而吾心之理，不过其一部分而已。可见理字意义之变化，古今中外，有同一之倾向也。

至问及理字何故发生如是变化？王氏之说明，颇为确当。彼谓吾人之知识，分为两种：一直观的知识，一概念的知识。直观的知识，自吾人之感性及悟性得之；而概念之知识，则由理性得之。直观的知识，人与动物共之；概念的知识，则唯人类所独有；人类既享有动物所不能之利益，亦能陷于动物所不有之谬误。夫动物所知者，个物耳；就个物之观念，但有全偏明昧之别，而无正误之别。人则以有概念故，从此犬彼马之个物观念中，抽象之而得动物之观念；更合之植物、矿物而得物之观念；夫所说物，皆有形质可衡量者也。而此外尚有不可衡量之精神作用，而人之抽象力，进行不已，必求一语以赅括之；无以名之，强名之曰“有”。所谓物者，非实物也，概念而已矣。所谓有者，非离心与物之外，别有一物也，概念而已矣。然如物之概念，究竟离实物不远者。其生误解也不多；至最普遍之概念之“有”字，其初固亦自实物抽象而得，逮用之既久，遂忘其所自出，而视为表示特别之一物。古今中外之哲学家，往往以“有”字为有一种实在性；在中国则曰“太极”，曰“玄”，曰“道”；在西洋则谓之“神”。及传衍既久，遂以为一种自证之事物，而若无待根究者。人而不求真理则已，若果欲求真理，则此等谬误，不可不深察而辩明之也。理之概念，亦无以异此。其在中国，初不过谓物之可分析而有系统者，辗转相借，遂成朱子之理即太极说。其在西洋，本不过理由、理性二说，辗转相借，前者衍为斯多噶派之宇宙大理说；后者衍为康德以降之超感情的理性说。其去理之本义，固已远矣。此无他，以理之一语，为不能直观之概念，故种种谬误，得附此而生也。（同上）

第四节　介绍之学说

王氏与严复，同时介绍西洋学说于中国：严氏所介绍者，为英国哲学；王氏所介绍者，乃德国哲学；此其不同者也。王氏于其《静庵文集》自序云：

余之研究哲学，始于辛壬之间（一九〇一——一九〇二），癸卯春，始读汗德（即康德）之《纯理批评》，苦其不可解，读几半而辍；嗣读叔本华之书，而大好之；自癸卯之夏，以至甲辰之冬，皆与叔本华之书为伴侣之时代也。其所惬心者，则在叔本华之《知识论》；汗德之说，得因之以上窥。然于其人生哲学，观其观察之精锐，与议论之犀利，亦未尝不心怡神释也。后渐觉其有矛盾之处。……旋悟叔氏之说，半出于其主观的气质，而无关于客观的知识，此意于《叔本华及尼采》一文中，始畅发之。今岁之春（一九〇五年乙巳），复返而读汗德之书，嗣今以后，将以数年之力，研究汗德，他日稍有所进，取前说而读之，亦一快也。

是知王氏介绍德国哲学，颇拟集中精力于汗德之书；初读不解，始先治叔本华之学，以期借径而通汗德。其治汗德之学，辍而复作者凡四次；乃倦于哲学而转治文学。曾草《三十自序》一文，历述其倦于哲学之故云：

至于今年，于汗德哲学，从事第四次之研究，则窒碍更少；而觉其窒碍之处，大抵其说之不可恃者也。此则当日志学之初所不及料，而在今日，亦得以自慰者也。

又云：

余疲于哲学有日矣；哲学上之说，大都可爱者不可信，而可信者不可爱。余知其理，而余又爱其误谬伟大之形而上学，高严之伦理学，与纯粹之美学，此吾人所酷嗜也。然求可信者，则宁在知识论上之《实证论》，伦理学上之《快乐论》，与美学上之《经验论》。知其可信而不能爱，觉其可爱而不能信，此近二三年中最大之烦闷也。而近日之嗜好，所以渐由哲学而移于文学，而欲于其中求直接之慰藉者也。

又云：

以余之力，加之以学问，以研究哲学史，或可操成功之券。然为哲学家不能，为哲学史家则又不愿，此亦疲于哲学之原因也。

是知王氏因对于哲学，不无怀疑，乃舍之而治文学；

晚年乃复以考古学著名。于介绍哲学之工作，未有结果。夫汗德为德国之大哲学家，国人闻其名多知之，而于其学说，则仅见一鳞一爪，无有能窥其全豹者。王氏之介绍不能成功，固可惜；而王氏以后，至今未有人能尽此介绍之任者，国人学术思想之贫弱，可见一斑矣。

王氏所介绍者，为叔本华与尼采二人之学说。而于叔本华较详，于尼采则较略。其述叔本华之哲学云：

> 汗德以前之哲学家，除其最少数外，就知识之本质问题，皆奉素朴实在论。即视外物为先知识而存在，而知识由经验外物而起者也。……汗德独谓吾人知物时，必于空间及时间中，而由因果性整理之。然空间时间者，吾人感性之形式；而因果性者，吾人悟性之形式；此数者皆不待经验而存，而构成吾人之经验者也。故经验之世界，乃外物之入于吾人感性悟性之形式中者，与物之自身异。物之自身，虽可得而思之，终不可得而知之，故吾人之所知者，惟现象而已。叔本华于知识论上，奉汗德之说曰：世界者，吾人之观

念也；一切万物，皆由充足理由之原理决定之；而此原理，吾人知力之形式也。物之为吾人所知者，不得不入此形式；故吾人所知之物，决非物之自身，而但现象而已；易言以明之：吾人之观念而已。然则物之自身，吾人终不得而知之乎？曰，否，他物则吾不可知，若我之为我，则为物之自身之一部，昭昭明矣。而我之为我，其现于直观中，则块然空间及时间中之一物，与万物无异。然其现于返观时，则吾人谓之意志而不疑也。而吾人返观时，无知力之形式，行乎其间，故返观时之我，我之自身也。然则我之自身，意志也。而意志与身体，吾人实视为一物；故身体者，可谓意志之客观化，即意志之入于知力之形式中者也。吾人观我时，得由此二方面；而观物时，只由一方面，即惟由知力之形式中观之；故物之自身，遂不得而知。然由观我之例推之，则一切物之自身，皆意志也。(《静庵文集·叔本华之哲学及其教育学说》)

于此可见叔本华之知识论，与汗德不同之处。汗德谓经验的世界，有超绝的观念性，与经验的实在性。叔氏则一转其说，谓一切事物，有经验的观念性，超绝的实在性。故其知识论，自一方面观之，则为观念；自他方面观之，则又为实在论；而与昔之素朴实在论，则迥然不同。

叔氏之知识论，既侧重意志，于是对于形而上学，及心理学，改变古来之主知论，而倡为主意论。盖彼既由吾人之自觉，而发见意志为吾人之本质，因之以推论世界万物之本质，自是当然之结果。其言云：

> 吾人苟旷观生物界，与吾人精神发达之次序，则意志为精神中之第一原质，而知力为其第二原质，自不难知也。……就实际言之，则知识者，实生于意志之需要；一切生物，其阶级愈高，其需要亦愈增；而其所需要之物，亦愈精而愈不易得；而其知力，亦不得不应之而愈发达。故知力者，意志之奴隶也；由意志生，而还为意志用者也。……至天才出，而知力遂不复为意志之奴隶，而为独立之作用。然人之知力之所由发达，由于需要之增，与他动物固无以异也。则

主知说之心理学，不足以持其说，不待论也。心理学然，形而上学亦然。（同上）

王氏谓叔本华之说出，而形而上学、心理学渐有趋于主意论之势，大有造于斯二学，其言诚然。叔本华更由形而上学，进说美学。其言云：

夫吾人之本质，既为意志矣。而意志之所以为意志，有一大特质焉，曰：生活之欲。何则？生活者非他，不过自吾人之知识中所观之意志也。吾人之本质，既为生活之欲矣；故保存生活之事，为人生惟一大事业。……向之图个人之生活者，更进而图种姓之生活。……于是满足与空乏，希望与恐怖，数者如环无端，而不知其所终。……然则此利害之念，竟无时或息欤？吾人于此桎梏之世界中，竟不获一时救济欤？曰：有。惟美之为物，不与吾人之利害相关系，而吾人之观美时，亦不知有一己之利害。……若不视此物为与我有利害之关系，而但观其物，则此物已非特别之物，而代表其物之全种，叔氏谓之曰实念；故美之知识，实念之知识也。而美之中，又有优美与壮美之别：……此二者之感吾人也，因人而不同；其知力弥高，其感之也弥深；独天才者，由其知力之伟大，而全离意志之关系，故其观物也，视他人为深；而其创作之也，与自然为一；故美者，实可为天才之特许物也。若夫终身局于利害之桎梏之中，而不知美之为何物者，则滔滔皆是。且美之对吾人也，仅一时之救济，而非永远之救济，此其伦理上之拒绝意志之说，所以不得已也。（同上）

叔氏于伦理学上拒绝意志之说，究如何立脚？王氏以为叔氏之伦理学，可从其形而上学进窥之。其言云：

从叔氏之形而上学，则人类于万物，同一意志之发现也。其所以视吾人为一个人，而与他人物相区别者，实由知力之蔽。夫吾人之知力，既以空间时间为其形式矣，故凡现于知力中者，不得不复杂；既复杂矣，不得不分彼我；然就实际言之，实同一意志之客观化也。……故空间时间二者……个物化之原理也。自此原理，而人之视他人及物也，常若与我无毫发之关系。……若一旦超越此个物化之原理，而认人与已皆此同一之意志，知已所弗欲者，人亦弗欲之。各主张其生活之欲，而不相侵害；于是有正义之德。更进而以他人之快乐，为已之快乐；他人之苦痛，为已之苦痛；于是有博爱之德。于正义之德中，已之生活之欲，已加以限制；至博爱，则其限制又加甚焉。故善恶之别，全视拒绝生活之欲之程度以为断。其但主张自已之生活之欲，而拒绝他人生活之欲者，是为过与恶。主张自已，亦不拒绝他人者，谓之正义。稍拒绝自已之欲，以主张他人者，谓之博爱。然世界之根本，以存于生活之欲之故，故以苦痛与罪恶充之。而在主张生活之欲以上者，无往而非罪恶。故最高之善，存于灭绝自己生活之欲；且使一切物皆灭绝此欲，而同入于涅槃之境。此叔氏伦理学上最高之理想也。（同上）

王氏以为叔氏在哲学上之位置，在古代可比于希腊之柏拉图；在近世可比于德意志之汗德。然柏拉图之说真理，犹被以神话之面具，而叔氏则否；汗德之知识论，仅为破坏的，而叔氏则为建设的。且自叔氏以降之哲学家，罔不受叔氏学说之影响。王氏之推崇叔氏，可谓至矣。其对于叔氏学说之研究，十分透彻，故介绍亦颇得要领。

十九世纪德意志之哲学界，有二大伟人焉：曰叔本华；曰尼采。王氏于介绍叔本华学说之后，又介绍尼采之学说。尼采之学，出于叔氏，其初极端崇拜之，其后乃极端与之反对。王氏作《叔本华与尼采》一文（见《静庵文集》)，比较二人之说，以明其所以反对之理由。其言云："二人以意志为人性之根本也同；然一则以意志之灭绝，为其伦理学上之理想，由意志同一之假说，而唱绝对之博爱主义；一则反之，而唱绝对之个人主义。……尼采之学说，全本于叔氏，其后虽若与叔氏反对，要不外以叔氏之美学上之天才论，应用于伦理学而已。"此则王氏能深窥二人之学说，得到最确之评论也。

尼采之伦理学，出于叔氏，而独趋于反对之方面。盖尼采亦以意志为人之本质，而于叔氏之意志灭绝说，则不以为然；谓欲灭绝此意志者，亦一意志也，故不满其说。而于叔氏之美学中，则发见其可模仿之点，即取其天才论，与知力之贵族主义，为其超人说之根据。是则尼氏之说，乃彻头彻尾，发展其美学上之见解，而应用于伦理学者也。叔氏谓吾人之知识，无不从充足理由之原则者，独美术之知识则不然。其言曰："美术者，离充足原理之原则，而观物之道也。……天才之方法也。"……尼采乃推之于实践上，而以为道德律之于个人，与充足原理之于天才，一也。……由叔本华之说，最大之知识，在超绝知识之法则；由尼采之说，最大之道德，在超绝道德之法则。……于是由知之无限制说，转而唱意之无限制说。……至说超人与众生之别，君主道德与奴隶道德之别。……叔氏谓知力上之阶级，惟由道德联结之；尼氏则谓此阶级，于知力道德，皆绝对的不可调和。此其见解虽不同，而应用叔氏美学之说于伦理上，则昭然可睹也。

叔本华与尼采二人，性行相似，知力之伟大相似，意志之强烈亦相似。其在叔本华则曰：

世界者，吾人之观念也。于本体之方面，则曰：世界万物，其本体皆与吾人之意志同；而吾人与世界万物，皆同一意志之发现也。自他方面观之：世界万物之意志，皆吾之意志也。于是我所有之世界，自现象之方面，而扩于本体之方面；而世界之在我，自知力之方面，而扩之于意志之方面。然彼独以今日之世界为不满足，更进而求最完全之世界，故其说虽以灭绝意志为归……非真欲灭绝也，不满足于今日之世界而已。……彼之形而上学之需要在此；终身之慰藉亦在此。……若夫尼采，以奉实证哲学故，不满于形而上学之空想；而其势力炎炎之欲，失之于彼岸者，欲恢复之于此岸；失之于精神者，欲恢复之于物质。……彼效叔本华之天才，而说超人；效叔本华之放弃充足理由之原则，而放弃道德；高视阔步，而恣其意志之游戏；宇宙之内，有知意之优于彼，或足以束缚彼之知意者，彼之所不喜也。故彼二人者，其执无神论，同也；其唱意志自由论，同也。……其所趋虽殊，而性质则一。彼等之所以为此说者，无他，亦聊以自慰而已。

王氏介绍尼采之学说，不及其说叔本华之详。至民国九年，《民铎》杂志第二卷之《尼采号》出版，其中有《尼采传》及其一生之思想，叙述乃比较详备。

第五节　结　论

王氏于举国未曾注意德意志哲学之时，独能首先为之介绍。虽未克终其业，然其功亦不可没也。王氏自言疲于哲学，渐移其兴趣于文学；而以我国文学之最不振者，莫若戏曲，思有以董理之，于是有《戏曲考源》、《唐宋大曲考》、《曲调源流考》之作。及殷墟文出土，王氏又转其方向于考古学；于龟契之文，凿空创通，为之笺释，卓然大成。清代考证学之途穷，一转另辟一新天地，蔚为考古学，实王氏为之枢纽也。

编后记

《中国近三百年哲学史》是著名学者蒋维乔先生的代表作之一。1932 年该作品由中华书局繁体出版。该作品梳理了从顾炎武到王国维近三百年中国思想变迁史。该段时期曾被学界称为“中国的文艺复兴时期”。鉴于该作品的经典和思想价值，再次整理出版。在整理过程中，基本保持作品原貌。